FOBIA
ENFRENTANDO COM CORAGEM

NATALY MARTINELLI
PSICÓLOGA ESPECIALISTA EM TRANSTORNOS DE ANSIEDADE

ALTA LIFE
EDITORA
Rio de Janeiro 2021

Fobia

Copyright © 2021 da Starlin Alta Editora e Consultoria Eireli. ISBN: 978-65-5520-047-8

Todos os direitos estão reservados e protegidos por Lei. Nenhuma parte deste livro, sem autorização prévia por escrito da editora, poderá ser reproduzida ou transmitida. A violação dos Direitos Autorais é crime estabelecido na Lei nº 9.610/98 e com punição de acordo com o artigo 184 do Código Penal.

A editora não se responsabiliza pelo conteúdo da obra, formulada exclusivamente pelo(s) autor(es).

Marcas Registradas: Todos os termos mencionados e reconhecidos como Marca Registrada e/ou Comercial são de responsabilidade de seus proprietários. A editora informa não estar associada a nenhum produto e/ou fornecedor apresentado no livro.

Impresso no Brasil — 1ª Edição, 2021 — Edição revisada conforme o Acordo Ortográfico da Língua Portuguesa de 2009.

Produção Editorial Editora Alta Books	**Produtor Editorial** Illysabelle Trajano Thiê Alves	**Marketing Editorial** Lívia Carvalho Gabriela Carvalho marketing@altabooks.com.br	**Editor de Aquisição** José Rugeri j.rugeri@altabooks.com.br
Gerência Editorial Anderson Vieira	**Assistente Editorial** Luana Goulart	**Coordenação de Eventos** Viviane Paiva eventos@altabooks.com.br	
Gerência Comercial Daniele Fonseca			
Equipe Editorial Ian Verçosa Maria de Lourdes Borges	Raquel Porto Thales Silva	**Equipe Design** Larissa Lima Marcelli Ferreira Paulo Gomes	**Equipe Comercial** Daiana Costa Daniel Leal Kaique Luiz Tairone Oliveira
Revisão Gramatical Alessandro Thomé Lívia Rodrigues	**Diagramação** Luisa Maria	**Capa** Marcelli Ferreira	

Publique seu livro com a Alta Books. Para mais informações envie um e-mail para **autoria@altabooks.com.br**

Obra disponível para venda corporativa e/ou personalizada. Para mais informações, fale com **projetos@altabooks.com.br**

Erratas e arquivos de apoio: No site da editora relatamos, com a devida correção, qualquer erro encontrado em nossos livros, bem como disponibilizamos arquivos de apoio se aplicáveis à obra em questão.

Acesse o site **www.altabooks.com.br** e procure pelo título do livro desejado para ter acesso às erratas, aos arquivos de apoio e/ou a outros conteúdos aplicáveis à obra.

Suporte Técnico: A obra é comercializada na forma em que está, sem direito a suporte técnico ou orientação pessoal/exclusiva ao leitor.

A editora não se responsabiliza pela manutenção, atualização e idioma dos sites referidos pelos autores nesta obra.

Ouvidoria: ouvidoria@altabooks.com.br

Dados Internacionais de Catalogação na Publicação (CIP) de acordo com ISBD

M385f   Martinelli, Nataly
           Fobia: Enfrentando com Coragem / Nataly Martinelli. - Rio de Janeiro :
           Alta Books, 2021.
           224 p. : il. ; 14cm x 21cm.

           Inclui bibliografia e índice.
           ISBN: 978-65-5520-047-8

           1. Fobia. 2. Transtornos de ansiedade. 3. Medo. I. Título.

2021-1448   CDD 618.9289
                                                       CDU 616.89

Elaborado por Vagner Rodolfo da Silva - CRB-8/9410

 Rua Viúva Cláudio, 291 — Bairro Industrial do Jacaré
CEP: 20.970-031 — Rio de Janeiro (RJ)
Tels.: (21) 3278-8069 / 3278-8419
ALTA BOOKS   www.altabooks.com.br — altabooks@altabooks.com.br
EDITORA   www.facebook.com/altabooks — www.instagram.com/altabooks

Sobre a Autora

Nataly Martinelli é administradora e psicóloga especialista em transtornos de ansiedade e tem como propósito difundir esse conhecimento para ajudar cada vez mais pessoas a vencerem seus medos. Foi isso que a motivou a ser uma das pioneiras no Brasil a usar realidade virtual em seus atendimentos, tornando-a referência nacional no uso dessa tecnologia, aplicada em conjunto com sua técnica terapêutica desenvolvida para estimular a *coragem*, detalhada neste livro. Apaixonada por estudar, busca sempre se atualizar para levar informações valiosas para seus cursos, palestras, entrevistas, artigos e, sobretudo, neste livro, que é resultado de muita dedicação e, principalmente, de um enorme desejo de inspirar coragem em seus leitores.

Agradecimentos

E screver os agradecimentos neste livro tem uma simbologia muito especial para mim.

Meus agradecimentos a toda minha família, em especial aos meus pais, que me proporcionaram a vida e por terem me incentivado a trabalhar com meu maior propósito.

Meu amor e gratidão aos meus maiores incentivadores para que eu trabalhasse com essa temática, meu marido e minha filha, e às minhas queridas irmãs, pelo apoio, carinho e incentivo.

Meu agradecimento especial aos meus parceiros e pacientes, que compartilham e confiam nesse trilhar de crescimento, amadurecimento e fé.

Saliento também a importância de todos que contribuíram para minha formação, tanto pessoal quanto profissional, e daqueles que me ajudaram a tornar esse sonho realidade.

Sumário

Apresentação	xi
Prefácio	xiii

1. Cenário Social dos Transtornos de Ansiedade	1
2. Conhecendo o Medo	29
3. Perfil e Sistemas Familiares	45
4. Enfrentamento por meio da Técnica da Coragem	81
5. Realidade Virtual e Aumentada	129
6. Ressignifique seus Medos	163
7. Espiritualidade	177
8. Harmonizando-se Consigo e com o Todo	193

Referências	201
Índice	207

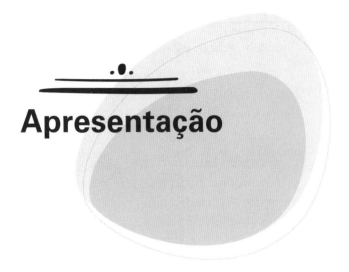

Apresentação

F obia: Enfrentando com Coragem foi escrito para você que sente uma angústia, um medo constante e limitador, que o paralisa e o faz duvidar de sua própria **coragem**. Ou você que vê seus pacientes serem tomados pelos transtornos de ansiedade e deseja realmente explorar as opções disponíveis para ajudá-los cada vez mais.

Neste livro, consegui reunir o que sempre busquei: conhecimento de fontes confiáveis, mas com o dinamismo e a praticidade que qualquer leitor merece ter, seja ele profissional da saúde ou não.

Sempre procurei em tudo uma visão holística da situação. Não me contento em olhar para o desafio e simplesmente procurar meios de vencê-lo. Preciso cavar fundo. Qual a origem desse desafio? Quais as consequências?

Pensando nisso, escrevi este livro com esse olhar. Não basta simplesmente tratar um transtorno, é preciso entendê-lo, sobretudo de forma individual, pois só assim é possível realmente enfrentá-lo com coragem.

Eu quero que você, leitor, alce voos cada vez maiores, com o próprio poder que tem e talvez desconheça. É comum nos negarmos a olhar nossa própria sombra, mas esse incômodo momentâneo é que nos ajudará a lidar com ela.

Por isso, a mensagem que eu gostaria de deixar para você que iniciará a leitura deste livro, que escrevi com tanto carinho, é a de que permita a si mesmo conhecer seus desafios e, acima de tudo, que os vença. Que comece a olhar para seus medos de forma panorâmica e, descobrindo suas origens, consiga provar a si mesmo que é mais forte que eles.

Superar o medo é ter liberdade para ir mais longe!

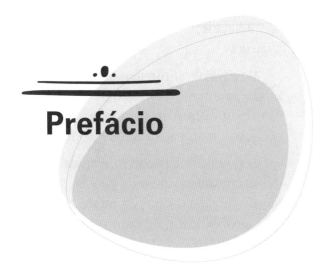

Prefácio

A psicóloga clínica Nataly Martinelli, especialista no tratamento de fobias, medos e ansiedade, escreve de maneira detalhada, clara, dinâmica e lúdica. Tem a simplicidade de quem sabe o que faz e vem fazendo com qualidade há muito tempo. Ela apresenta breves relatos de casos clínicos para explicar os típicos sintomas físicos e psicológicos de pessoas com esse transtorno.

A autora tem uma visão sistêmica no entender das causas psicológicas da fobia e nos apresenta diversas abordagens terapêuticas para tratar o distúrbio, em especial a inovadora técnica de *realidade virtual*.

Quem, como eu, tem o privilégio de conhecer Nataly profissionalmente percebe sua habilidade criativa, sua sensibilidade e sua dedicação às necessidades de seus pacientes.

No capítulo "Enfrentando por meio da Técnica da Coragem", a autora propõe um passo a passo mediante a criação de um acróstico para ajudar o indivíduo a tornar-se corajoso e mais capaz de lidar com suas fobias.

O propósito deste livro é ajudar o leitor a compreender as possíveis causas da fobia por meio do mecanismo de funcionamento da mente e convencê-lo a crer na total possibilidade de cura psicológica de seus sintomas perturbadores.

Eu diria que este livro se inscreve entre as melhores obras existentes sobre o tema na atualidade. Os que sofrem de fobia encontram nesta leitura a certeza de que podem ressignificar suas emoções equivocadas e negativas. Sua utilidade se estende a todos os que se relacionam com pessoas com fobia, trazendo conhecimentos e compreensão dessa dificuldade. Psicoterapeutas encontrarão, nesta obra, várias ideias e técnicas para tratar seus pacientes.

Teresinha Martins Ferrari
Psicóloga Clínica

.1.

CENÁRIO SOCIAL DOS TRANSTORNOS DE ANSIEDADE

Na minha frente, ele respira com a calma que eu gostaria de sentir. O jaleco branco deveria me trazer tranquilidade, mas não consigo parar de sentir medo, por mais seguro que este lugar pareça ser. São quatro paredes brancas, completamente limpas, e mobiliário simples: a cadeira onde estou sentada e uma outra ao meu lado, uma pequena mesa que me separa dele, sua poltrona e uma maca do meu lado esquerdo. Atrás do doutor, alguns certificados que deveriam ajudar a diminuir o medo que estou sentindo, mas não ajudam. Meu coração ainda está a mil, sinto que a qualquer momento ele saltará pela minha boca. Minhas mãos, trêmulas, suam frio de uma forma que nunca havia sentido, enquanto minha respiração parece começar a falhar.

— Luíza?

As coisas parecem começar a girar. Estou certa de que esse medo me matará. E eu sequer sei explicá-lo.

— Luíza? Pode me falar o que está sentindo?

— Desculpe, doutor.

Eu tento explicar e respirar ao mesmo tempo, mas parece impossível. Algumas palavras falham, outras saem em tom quase sussurrado, como se fosse difícil falar e viver ao mesmo tempo. Com certeza, minha fisionomia de desespero o convence da seriedade do meu problema, pois logo ele me indica um exame e receita uma medicação intravenosa.

Deitada na maca, tento me acalmar, mesmo sentindo que isso não pareça ser uma opção viável. Fecho os olhos e continuo tentando.

Pouco a pouco, consigo voltar a respirar normalmente. Meu coração, que antes disparava, agora, enquanto faço o eletrocardiograma, parece estar finalmente batendo no ritmo certo. Minhas mãos começam a tremer menos, e finalmente consigo suspirar e agradecer por ter sobrevivido a algo que eu ainda não sei como classificar.

O doutor, analisando os sintomas, procura explicar que devo ter passado por um ataque de pânico ou algo similar. Já tinha escutado uma amiga comentar sobre a síndrome do pânico, mas ela tinha me dito que os ataques de ansiedade são recorrentes em quem apresenta esse diagnóstico, por isso, aquilo não fazia sentido para mim. Afinal, foi a primeira vez que senti algo tão extremo. Foi então que o doutor me explicou que os ataques de pânico são sintomas presentes em vários transtornos, não somente na síndrome do pânico, como algumas pessoas acham.

A diferença entre ataques de pânico e síndrome do pânico está justamente na frequência em que os ataques ocorrem. Ouvindo isso, as coisas começaram a fazer mais sentido.

Mesmo assim, eu ainda não estava completamente convencida de que aquilo estava relacionado ao meu emocional, porque eu estava bem demais para sentir algo assim! Não podia ser um problema mental, era um problema físico!

— Luíza, eu recomendo que procure um psicólogo para analisar o caso, identificar os fatores desencadeadores e sugerir um plano de intervenção.

Aquela ideia me assustou um pouco. Nunca tinha ido a um psicólogo, não entendia por que precisaria de um. Mas a única certeza que eu tinha era a de que não queria sentir aquilo novamente e faria de tudo para evitá-lo.

Eu nunca tinha sentido aquilo. Confesso que, naquela manhã, fiquei tensa quando meu chefe disse que eu conduziria a reunião no dia seguinte. Pensar em uma sala aglomerada de pessoas me escutando era uma imagem que me deixava muito insegura. Mas esse medo deveria ser normal, não é mesmo?

Já falei em público algumas vezes na vida, principalmente durante a faculdade. Por isso, falar não me parecia ser o grande problema. É verdade que, com o tempo, vi que o que precisava fazer era, simplesmente, ocupar-me o suficiente na elaboração do conteúdo e deixar a apresentação diante da classe para as outras pessoas do grupo, o que me deixava sempre mais tranquila. Não quero dizer que eu não conseguiria fazer, mas não tinha necessidade, visto que já havia feito muito pelo grupo. Eu sempre repetia isso para mim.

Por mais que eu tentasse, não conseguia encontrar a razão daquela sensação terrível que me levou ao hospital. Independentemente disso, não quero enfrentar esse pavor de novo. Decidi acatar a sugestão do doutor e logo marquei uma terapia. No dia seguinte, lá estava eu no consultório de uma psicóloga.

— Você costuma se sentir bem em locais com muitas pessoas?

Confesso que precisei pensar quando ela me perguntou isso. Seria estranho se eu respondesse que prefiro ficar sozinha? Que evito eventos e lugares que me expõem? Isso não seria incomum, parece-me uma questão de gosto.

— Costumo evitar locais assim... acho que prefiro ficar sozinha.

Nesse momento, lembrei-me do meu último aniversário.

No trabalho, todos sabem que sou tímida, e muitos me entendem, principalmente o Marcos. Lembro-me de que ele foi muito gentil em me avisar que fariam uma festa surpresa no dia de meu aniversário. Ele sabe que não gosto de ser o centro das atenções, ele sabe como eu sou. Ainda bem que ele fez isso! No dia da festa, pedi uma licença. Fazia meses que eu não pegava uma folga, então meu chefe aceitou sem problemas, afinal, era meu aniversário.

Passei meu aniversário sozinha, como tenho feito nos últimos anos. É claro que recebi e respondi várias mensagens e até me senti muito feliz por ter sido lembrada! Só que isso me fez perceber que talvez eu tenha chateado a Gabriela, minha amiga do trabalho. Ela não me ligou, nem mesmo mandou mensagem — com certeza ficou com raiva de mim por não ter ido ao trabalho.

Isso me deixou muito preocupada, mas mesmo querendo perguntar, fiquei sem graça quando a vi no dia seguinte. Uns três dias depois, ela me pediu desculpas por ter esquecido de me cumprimentar pelo meu aniversário. Disse que seu bebê não estava muito bem nos últimos dias e isso a deixou de cabeça quente. Mesmo assim, ainda acho que ela ficou chateada comigo, e eu deveria ter feito algo para evitar que isso acontecesse.

— *Consegue se lembrar de episódios em que você sentiu algo parecido?*

Não conseguia me lembrar de ter sentido algo tão intenso. É verdade que eu já tinha sentido palpitação e medo quando algo me deixava ansiosa, mas nada que chegasse aos pés do que tinha sentido na manhã do dia anterior. Pouco a pouco, a psicóloga me ajudou a recordar situações que, para mim, pareciam rotineiras, mas finalmente estavam ganhando uma explicação por terem características em comum.

Você sabia que a ansiedade faz parte de todos nós? Afinal, quem nunca sentiu ansiedade antes de uma viagem ou uma prova?

A ansiedade é uma emoção, como a alegria ou a tristeza, e, até certo ponto, desejável, pois ajuda a estimular a criatividade e a inteligência e transforma-se em combustível para impulsionar o processo de crescimento e de mudança. Ela também pode ser definida como um estado de alerta, em que o corpo se prepara para enfrentar situações imprevisíveis ou que julgue ser ameaçadoras, sem que haja uma fonte de perigo real.

É a **recorrência** e a **frequência** da ansiedade que a qualificam como sintoma em diversos transtornos. Já nos transtornos de ansiedade, ela aparece como sintoma geral.

Dados da OMS (Organização Mundial da Saúde), apontam que o Brasil é o país com o maior número de pessoas ansiosas do mundo, com 18,6 milhões de brasileiros ansiosos (9,3% da população).[1] Percebe o quanto esse percentual é alto?

Agora que entende que a ansiedade é mais comum do que imaginava, considere o caso de Luíza, visto antes. Em algum momento, você se identificou com o que ela viveu?

Em suas relações interpessoais, Luíza demostrou uma necessidade excessiva de aprovação, muito comum entre as pessoas que apresentam problemas relacionados com a ansiedade.

Normalmente, essa importância demasiada em ser aprovada alimenta um sentimento de imperfeição, fazendo com que não se sinta aceita pelos demais. Mas de onde vem esse sentimento de imperfeição? Muitas vezes da infância, na qual a criança sentiu necessidade de ser mais amada pelos responsáveis, e agora, na idade adulta, isso pode ter influenciado o desenvolvimento de sua autoestima.

Essa influência na autoestima é fortalecida pela própria pessoa, que acredita que os problemas que surgem em sua vida e na das pessoas que a cercam são sua culpa. Luíza, por exemplo, acreditava que a amiga não a tinha cumprimentado pelo seu aniversário por estar com raiva dela, quando, na verdade, a amiga se desculpou e explicou a situação: ela se esqueceu de cumprimentá-la porque estava preocupada com o filho. Ou seja, mesmo tendo provas, Luíza continua se culpando, acreditando que perdeu a aprovação da amiga. Sua autoestima está tão baixa, que ela não se sente aceita pelas pessoas de seu círculo de convivência.

Agora, para entendermos o que Luíza — e talvez você ou alguma pessoa que conheça — está enfrentando, mudaremos nossa perspectiva. Pensaremos como a psicóloga da Luíza. O que seus sintomas indicam para você? Já tem algumas ideias em mente? Vou ajudá-lo(a) a organizá-las, explicando um pouco mais sobre os seguintes transtornos de ansiedade.[2]

- Transtornos de ansiedade generalizada (TAG)
- Transtorno obsessivo-compulsivo (TOC)
- Transtorno de estresse pós-traumático (TEPT)
- Transtorno de pânico
- Agorafobia
- Fobias específicas
- Transtorno de ansiedade social (fobia social)

Cada transtorno traz suas próprias características. Embora essas informações sejam técnicas, separei exemplos práticos e comuns que farão você entrar na mente de quem vive com esses transtornos.

1. Transtorno de Ansiedade Generalizada (TAG)

Pode começar com uma preocupação excessiva, um estado de irritabilidade constante, impaciência e apreensão. Trata-se de uma ansiedade que se mantém por um longo período, em que a pessoa constantemente se sente angustiada e preocupada com problemas ou atividades diversas sem nenhuma associação com situações ou objetos.

É interessante lembrar que o TAG costuma aparecer no final da adolescência e que as mulheres são as mais afetadas.[3]

Pode ocorrer de o transtorno de ansiedade generalizada originar-se da preocupação com um desafio específico, como o medo de ser demitido e não conseguir pagar as contas no final do mês. Com o tempo, essa ansiedade se expande para várias áreas da vida da pessoa, fazendo com que sua preocupação a sufoque cada vez mais, mesmo em situações em que não há necessidade de se preocupar racionalmente.

"Será que estou sendo traída?"

"E se eu não conseguir terminar a prova a tempo?"

> "O que servirei para meus amigos que vêm me visitar?"

Questionamentos recorrentes, mas que podem esconder uma mente ansiosa. A pessoa com TAG procura motivos inexistentes para aumentar cada vez mais sua preocupação, gerando questionamentos ramificados. Por exemplo, a apreensão sobre o que servir à visita é normal, mas a pessoa com TAG torna isso um grande problema.

> "Nunca perguntei se eles são vegetarianos! E se não gostarem desse tipo de tempero? Será que Leonardo tem alguma restrição alimentar? Flávia pode estar grávida e não poder beber. O que acharão se a comida não ficar boa ou queimar? Talvez eles nem voltem mais aqui."

As suposições são o combustível da ansiedade generalizada.

Pessoas com TAG têm como sintomas, além da preocupação exagerada, indigestão, fadiga, tensão muscular, desorientação e tonturas frequentes. Esse quadro é somente uma resposta do organismo à ansiedade generalizada.

Um dos problemas que o TAG pode gerar é a perda de oportunidades pelo medo excessivo do futuro. Por quê? Por exemplo, para evitar a preocupação de conseguir ou não passar em um processo seletivo, a pessoa com TAG simplesmente prefere não fazê-lo. Dessa forma, o TAG fecha uma porta que poderia ser muito satisfatória à pessoa.

2. Transtorno Obsessivo-Compulsivo (TOC)

Neste transtorno de ansiedade, o paciente desenvolve pensamentos ou ações repetitivas, mas que não consegue controlar. Por trás dessa repetição está a sensação de que algo trágico ocorrerá a si ou aos outros, caso ele não execute as mesmas ações. Por exemplo, um indivíduo com TOC pode desenvolver o ato compulsivo de tomar banhos longos e repetidos.

Até a década de 1980, o TOC era considerado uma doença rara, mas estudos realizados neste período mudaram essa perspectiva. Surpreendentemente, o TOC foi o quarto transtorno mais frequente, ficando atrás somente das fobias, do abuso de substâncias e da depressão.[4]

As obsessões mais comuns estão relacionadas ao medo de *contaminação* (que faz com que a pessoa se lave constantemente), *dúvidas* (que fazem o indivíduo verificar diversas vezes se desligou a luz) e *preocupação com alinhamento* (que induz o sujeito a organizar excessivamente objetos e similares).

> *"Preciso lavar bem as mãos."*
> *"Será que esqueci a luz acesa?"*
> *"As roupas precisam ficar em ordem."*

Provavelmente você já teve algum desses pensamentos. Mas a pessoa com TOC deixa que ele evolua até que comece a executar ações que, em sua mente, são capazes de evitar que algo trágico aconteça.

> *"Eu devo ter esquecido de apagar a luz! Melhor ligar para alguém verificar isso por mim... Mas e se a pessoa não olhar direito? Com certeza, deixei a luz acesa. É melhor eu voltar para casa."*

Além de voltar e ver que a luz está apagada, a pessoa com TOC possivelmente fará várias verificações para ter certeza de que não deixará a luz acesa. O grande problema é que essa "certeza" que ela tanto procura nunca é encontrada. Sempre lhe resta uma dúvida.

A dúvida é a munição do TOC.

Assim, quando falamos de TOC, o sintoma mais direto que esse transtorno mostra é a necessidade de repetição de atividades. Não basta lavar as mãos, é necessário lavá-las dez, vinte ou trinta vezes. Mas, além disso, o TOC apresenta como sintomas comuns o pensamento acelerado, pesadelos, obsessões, comportamento compulsivo e ritualístico, acumulação e isolamento.

O TOC pode afetar a autoestima e gerar frustração com relacionamentos interpessoais. Isso porque muitas vezes a obsessão da pessoa é incomum, fazendo com que seja difícil para os outros aceitá-la. Para exemplificar, podemos pensar em alguém que tenha TOC e sua compulsão seja contar objetos. Ao conversar com outra pessoa, é bem provável que o sujeito com TOC desvie sua atenção para a contagem de itens no local, mostrando — mesmo sem querer — desinteresse pela conversa. Explicar o porquê da falta de atenção durante a conversa nem sempre é fácil.

3. Transtorno de Estresse Pós-Traumático (TEPT)

Acontece com pessoas que sentem forte angústia mental após algum episódio fortemente traumático, como catástrofes, estupro ou sequestro. Esses eventos são considerados como motivos geradores de estresses, fazendo com que a pessoa desenvolva uma série de reações de ansiedade.

Embora seja estimado que 50% da população sofra algum trauma, somente entre 5% e 8% dessas pessoas desenvolverão quadro de TEPT.[5] Mas, quando o trauma é ocasionado por abuso na infância, o TEPT é muito mais recorrente, atingindo 36,3% das crianças abusadas.[6]

A pessoa com TEPT pode se tornar altamente vigilante e, assim, ficar em alerta pelo receio de vivenciar novamente o trauma.

"Viverei isso novamente."
"Desta vez não escaparei."

Muitas pessoas já enfrentaram uma situação traumática, desde uma catástrofe ambiental até um assalto à mão armada, porém traumas semelhantes podem ser encarados de formas completamente diferentes de pessoa para pessoa. Mas para quem desenvolve TEPT, o medo de reviver aquele trauma a toma por completo, mesmo que a situação não dê provas reais de que o que causou seu trauma tem chances de se repetir.

> *"Aquele dia estava chovendo como hoje. As ruas estavam com pouco movimento e o dia da semana é o mesmo, quarta-feira. Com certeza, aquele ladrão me assaltará novamente, mas desta vez, ele usará a arma, e não apenas irá mostrá-la para mim."*

A pessoa cria associações que não são provas mas que, mesmo assim, causam-lhe angústia e medo. Começa a tomar decisões que lhe causam uma leve sensação de proteção, mas que logo se dispersa, como deixar de caminhar sozinha à noite, atravessar a rua sempre que notar a presença de um homem que lhe pareça forte, não passar perto do local onde o trauma aconteceu — por mais que isso represente dar inúmeras voltas —, e assim por diante.

Associações inexistentes reforçam o trauma.

Quando a pessoa passa por um forte trauma e desenvolve o TEPT, sua mente começa a trabalhar pensamentos que dão mais força ao trauma. Por isso, é comum ter como sintomas pesadelos, agitação, estresse, alucinações, ataques de pânico, perda do interesse e dificuldade de controlar suas emoções. De forma aflitiva, pessoas com TEPT podem ter pensamentos suicidas e recorrer à automutilação, muitas vezes por sentir-se impotente ou insuficiente.

4. Transtorno de Pânico (TP)

É marcado por ataques de pânico recorrentes e sem motivo inicial aparente. A sensação é tão intensa, que a pessoa passa a temer outro ataque, ou seja, fica com medo de ter medo. Em alguns casos, começa a evitar situações que, em sua mente, podem desencadear algum novo ataque. Junto com o transtorno de pânico, a pessoa pode desenvolver também a *agorafobia*.

O transtorno de pânico afeta duas ou três vezes mais mulheres do que homens e pode atingir até 3,5% da população.[7] Geralmente, ele aparece no final da adolescência e começo da vida adulta, com poucas possibilidades de ocorrer na infância.[8][9]

"Meu coração está muito acelerado."
"Terei um ataque."

Quando somos expostos a uma situação inusitada, é comum sentir o coração acelerar, e se essa aceleração persistir, sentimos que teremos um ataque. Mas para quem tem transtorno de pânico, esse ataque não é o resultado de uma exposição ou situação que desperte medo. Ele ocorre sem explicação, ou seja, sem nada que o justifique.

> *"Não consigo entender por que estou sentindo isso! Eu estava tomando café da manhã, nada aconteceu! Só pode ser infarto, preciso ir ao médico agora! Não conseguirei chegar a tempo. Desta vez morrerei."*

Os ataques de pânico injustificados levam a pessoa a crer que há algo muito errado com ela. Visto que não há uma explicação física para as reações, a sensação de morte aumenta a cada ataque.

A morte é a certeza inventada que mais reforça o medo no TP.

No transtorno de pânico, os sintomas experimentados são intensos e muitas vezes físicos, como dor no peito, coração acelerado, respiração rápida e curta, tremores, suores, tontura, náuseas, dormências e dor no estômago. Com todas essas reações simultâneas, é muito difícil convencer quem está tendo um ataque de que não está morrendo e que tudo pode passar. Assim que isso é compreendido, possivelmente a pessoa conseguirá enfrentar o medo.

5. Agorafobia

Envolve o medo excessivo de espaços abertos, multidões e situações em que haja dificuldade de fuga, como elevadores, lojas, shows, teatro, cinema, transportes coletivos, entre outros. O medo também se instala quando a pessoa está sozinha, mesmo que seja em sua própria casa.

A agorafobia tem uma forte ligação com o transtorno de pânico, como mencionei antes. Afinal, dois terços dos pacientes com transtorno de pânico também têm agorafobia.[10]

> *"Por onde eu posso sair se começar um incêndio?"*
> *"Esse lugar é muito fechado!"*
> *"Quantas pessoas em um só lugar!"*

Reconhecer rotas de fuga é uma habilidade que já foi muito mais importante para nós em nossa existência. Afinal, diante do perigo, saber como sair da situação é uma informação importante. Mas pessoas com agorafobia não reagem somente diante do medo eminente. O fato de estar em um local de fuga difícil já é motivo para desencadear o medo, mesmo que a chance de algo ruim acontecer seja inexistente.

> *"Como deixaram mais uma pessoa entrar neste elevador? Já está lotado, com certeza ele cairá. Como poderia suportar? Todas essas pessoas na minha frente! Como sairei daqui? Melhor eu descer assim que essa porta abrir."*

Mesmo que seu andar esteja longe de chegar, quem tem agorafobia sente uma necessidade enorme de "fugir", saindo da situação que lhe cause angústia. E, caso isso não seja possível, a pessoa enfrentará a circunstância com muita dor e evitará ao máximo submeter-se a ela novamente.

Sentir-se refém, mesmo em liberdade, é a rotina de quem tem agorafobia.

Procurar rotas de fuga e realmente usá-las ou evitar situações que despertem medo são os sintomas mais comuns da agorafobia. Além disso, o agorafóbico enfrenta o estresse de estar sempre em alerta, apreensivo e com os efeitos do medo no organismo, como tremedeira, suor e outros sintomas.

6. Fobias Específicas

São medos extremos, irracionais e persistentes, frente a um objetivo, um animal ou uma situação específica. O principal mecanismo de defesa é o *enfrentamento* com intensa ansiedade, *sofrimento* ou *evitar o lugar ou o que lhe cause medo*, o que, muitas vezes, resulta em problemas, como deixar de fazer uma viagem por medo de voar de avião, não visitar amigos que tenham um animal que desperte a fobia, e assim por diante.

Os estudos e as evidências clínicas mostram que as fobias específicas mais comuns são de: animais (p. ex.: cães, aranhas, cobras), ambientes naturais (p. ex.: altura, tempestade, enchentes), sangue, injeção (p. ex.: dor, procedimentos médicos invasivos), do tipo situacional (p. ex.: lugares fechados, lugares abertos, elevadores, aviões) e outras, como de vômitos, engasgar, doenças, morte, palhaços, sons. Mais adiante, analisaremos essas fobias recorrentes.

> *"Esse cachorro me morderá."*
> *"Não quero ir ao hospital."*
> *"Prefiro ir de ônibus a ir de avião."*

Pensamentos e frases simples como essas podem ser ditas mesmo por alguém que não tem fobia específica. Afinal, proteger-se ao ver um cachorro, não gostar de hospitais e ter preferência por algum meio de transporte são argumentos comuns e pessoais. Mas a pessoa com alguma fobia específica não encara isso como somente uma opção; precisa ser uma regra.

> *"É bem longe, sei que gastarei muitas horas de ônibus, pareço jogar meu tempo fora. A empresa pagaria a passagem aérea e me colocaria em um dos melhores lugares do avião, por isso ficaram surpresos quando recusei. Acham que sou louca por perder essa oportunidade. Mas vou de ônibus mesmo. Sinto-me mais segura aqui embaixo. Com certeza o avião cairia comigo nele!"*

Mesmo que envolva uma perda, quem tem uma fobia específica está disposto a renunciar a benefícios ou até a grandes oportunidades para não precisar enfrentar o medo. A pessoa com fobia acredita sempre que o pior pode acontecer se ela se expuser ao medo e, assim, cria várias hipóteses que justifiquem o porquê de ela realmente não dever se expor ao que teme.

Quem tem fobia cria hipóteses que justificam medos, os quais não deveriam existir.

Os sintomas das fobias específicas podem variar muito de acordo com a fobia em questão. Mas, de forma geral, a fobia faz com que a pessoa evite o medo, e quando não consegue, esta entra em estado de ataque de pânico, desencadeando todas as reações do medo, como suor, tremedeira, palpitação, falta de ar e outras sensações.

Além das fobias comuns, que já citamos e que explicarei com mais detalhes no decorrer deste livro, existem fobias que são consideradas novas pelas suas características diferenciadas e que estão relacionadas ao momento atual da humanidade. Uma delas, que está sendo muito discutida, é a **nomofobia**, ou fobia de ficar sem aparelhos eletrônicos.

Cada vez mais, os eletrônicos têm ganhado espaço e ocupado o tempo das pessoas, o que pode resultar em dependência, deixar de ser saudável e transforma-se em um grande problema. Você consegue se imaginar sem seu smartphone? Se não, está na hora de descobrir como resolver essa situação.

Lembre-se: o medo é protetivo, mas se você evita situações que o exponham a ele ou fazem com que se sinta mal, recomendamos que enfrente o medo com coragem!

7. Transtorno de Ansiedade Social (TAS)

O transtorno de ansiedade social (TAS), também conhecido como fobia social, é um medo persistente de se expor mesmo diante de grupos pequenos e situações informais, como comer, escrever, fazer contato visual, iniciar ou manter uma conversa, trabalhar ou simplesmente fazer uma pergunta.

Os efeitos desse transtorno podem variar desde evitar determinadas situações até o isolamento, podendo comprometer de forma intensa o desempenho pessoal e profissional de quem o tem.

"Melhor eu ficar quieta."
"Prefiro não sair com muita gente."
"Posso fazer isso sozinha."

É importante lembrar que sentimentos de timidez ou desconforto em determinadas situações não são necessariamente sinais de transtorno de ansiedade social. Neste transtorno, a pessoa sente um medo que a deixa propensa a evitar situações sociais por temor de dizer ou fazer algo que considere "errado". Geralmente, ele vem acompanhado de autoestima baixa e forte medo de ser criticado e rejeitado. O paciente apresenta medo constante da crítica alheia, e isso pode levá-lo a evitar contextos sociais, repercutindo em um déficit nas habilidades sociais. Assim, o objetivo terapêutico é mudar o foco da atenção de si para o ambiente.

> *"Fazer esse trabalho sozinha é a melhor opção. O único problema é ter de fazer a apresentação. Já que não tenho grupo, teria de fazer sozinha. Já sei! Deixarei o trabalho pronto e entregarei no dia seguinte. Perco alguns pontos e falo que não pude ir à aula."*

Criar planos e formas de evitar contato social reforça cada vez mais a fobia, pois a pessoa percebe que, ao fazer isso, ela evita o estado de medo e busca o isolamento gradativo.

Quanto menos contato social houver, maior será a fobia social.

Agora que já expliquei um pouco mais sobre os transtornos de ansiedade, voltaremos ao caso de Luíza. Ela continua no consultório, e eu e você ajudaremos sua psicóloga a reduzir as opções para facilitar o diagnóstico.

> *Transtornos de ansiedade generalizada?*
>
> *Transtorno de pânico?*
>
> *Fobia específica?*
>
> *Transtorno de ansiedade social (fobia social)?*

Com os sintomas que Luíza descreveu, já consegui identificar qual transtorno se encaixa melhor no caso dela. Agora é com você.

Vamos pensar nos sintomas que ela teve e associá-los ao seu histórico.

> *Luíza sentiu o coração acelerar, teve suor frio, tremedeira, rubor, dor de cabeça, náusea e medo incontrolável. Por si só, esses sintomas se encaixam em diversos transtornos de ansiedade. Mas se observarmos seu histórico, veremos que esse ataque é um reflexo do acúmulo de diversas situações que, até aquele momento, ela conseguia evitar, desde o recurso que desenvolveu para não se apresentar diante da turma no período de faculdade até a recente festa de aniversário, quando pediu folga para não participar.*

Isso mostra que Luíza, mesmo sem perceber, começou a evitar situações que a colocavam em evidência até que isso se tornasse tão parte do seu dia a dia, que ela passou a justificar essas ações como se fossem um traço de sua personalidade — timidez. Desta forma, ela provavelmente desenvolveu o **transtorno de ansiedade social (fobia social)**.

O TAS é o transtorno de ansiedade mais comum. Seu curso é crônico e precisa ser bem trabalhado para ser removido.[11] Geralmente, inicia-se na infância e na adolescência (75% no intervalo entre 8 e 15 anos), posterior a uma experiência estressante ou de humilhação. A prevalência maior é a ocorrência em mulheres, mas os homens são os que se sobressaem entre os indivíduos que procuram tratamento.[12]

Quando chegamos neste ponto, é importante ressaltar que a fobia pode ser camuflada por uma falsa crença de que algo está sendo evitado por timidez. É verdade que a timidez é um traço de personalidade e que pessoas tímidas têm mais dificuldades de se expor a situações que as colocam em posição de destaque. No entanto, é importante verificar se esse medo é intenso ao ponto de privar o indivíduo de experiências que lhe seriam benéficas. Se o medo é incontrolável e prejudicial, pode ser uma fobia social.

Você acertou?

É claro que uma simples conversa não é suficiente para diagnosticar um paciente, mas o caso hipotético da Luíza lança luz para que você compreenda o que envolve os transtornos de ansiedade e suas distinções.

A **fobia social** ganhou destaque por ter sido o diagnóstico primário atribuído a Luíza diante de seus sintomas e, principalmente, do histórico apresentado. Mas as fobias específicas e a agorafobia também atingem um número expressivo de pessoas. Elas podem limitar de forma intensa a vida de quem as tem, pois fazem com que o paciente entre no quadro de evitação, como no caso da fobia social.

Há muitas pessoas como ela por aí, pois a fobia é mais comum do que parece. De acordo com o DSM-V (Manual de Diagnóstico e Estatística dos Transtornos Mentais), as fobias são classificadas em três categorias: fobias específicas, fobias sociais e agorafobia.

As fobias estão entre os transtornos mentais mais comuns nas áreas urbanas. Um estudo aponta que de 6,2% a 15,5% das pessoas apresentam ao menos um tipo de fobia.[13] Além disso, o National Institute of Mental Health identificou que entre 5,1% e 12,5% dos norte-americanos sofrem algum tipo de fobia. Elas são o transtorno psiquiátrico mais recorrente entre mulheres de todas as idades e o segundo transtorno psiquiátrico mais comum entre homens com idades a partir de 25 anos.[14] Isso quer dizer que precisamos, e muito, abordar essa temática.

É por isso que este livro se torna tão importante. Nele, você descobrirá como o conhecimento originado em estudos, tanto empíricos quanto práticos em relação ao tema da fobia, pode levar ao correto tratamento desses medos que impedem muitas pessoas de viver de forma plena, principalmente quando falamos das fobias específicas.

Agora, você precisa entender como o medo funciona. Quando souber, conseguirá diferenciar o medo que nos protege e a fobia que nos paralisa.

.2.

CONHECENDO O MEDO

"A caverna em que você tem medo de entrar guarda o tesouro que procura." Joseph Campbell

É muito mais provável que você desenvolva medo por algo que não compreende. É por isso que neste capítulo mostrarei de forma lúdica e ilustrativa o que é o medo.

Sendo bem simples e direta, eu lhe diria que o medo é um estado neurofisiológico primitivo do seu organismo que o deixa pronto para fugir ou lutar, um mecanismo que nos protegeu por muito tempo e zela por nós até hoje. Porém, é preciso compreender até que ponto o medo nos ajuda a viver, para que ele não faça o contrário e nos prive de uma vida verdadeira.

Para que você entenda a reação gerada pelo medo, eu o convido a analisar sua fisiologia com uma nova visão. Na história que viverá a seguir, pensaremos em seu sistema límbico, parte integrante do cérebro responsável pelo processamento das emoções.

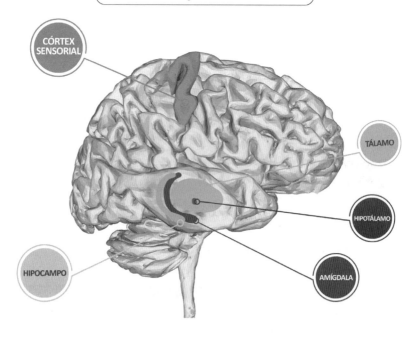

PARTES DO CÉREBRO ENVOLVIDAS NA REAÇÃO DE MEDO

TÁLAMO - DECIDE PARA ONDE ENVIAR OS DADOS SENSORIAIS RECEBIDOS (DOS OLHOS, DOS OUVIDOS, DA BOCA E DA PELE).

CÓRTEX SENSORIAL - INTERPRETA OS DADOS SENSORIAIS.

HIPOCAMPO - ARMAZENA E BUSCA MEMÓRIAS CONSCIENTES, ALÉM DE PROCESSAR CONJUNTOS DE ESTÍMULOS PARA ESTABELECER UM CONTEXTO.

AMÍGDALA - DECODIFICA EMOÇÕES, DETERMINA POSSÍVEIS AMEAÇAS E ARMAZENA MEMÓRIAS DO MEDO.

HIPOTÁLAMO - ATIVA A REAÇÃO DE "LUTA OU FUGA".

Vamos imaginar que você está visitando pela primeira vez uma amiga em sua casa nova. Entre na cena a seguir.

Ela abre o portão, e você começa a entrar. À sua frente, um belo quintal que dá acesso à casa. Há no quintal um jardim muito bonito e a grama, que, de tão verde, brilha quando o sol bate nela. Então, sua amiga lhe dá boas-vindas e diz que você pode ir na frente. Você está contente por estar ali, fazia tanto tempo que não se viam. Como é bom matar a saudade! Mas de repente, você escuta um latido, **forte**, **muito forte** e **alto**.

Nesse momento, sua audição, atordoada pelo latido, pergunta ao tálamo se aquilo é normal e se está tudo bem, mas o tálamo acredita que aquilo é perigoso e aciona as amígdalas cerebrais. Querendo te proteger, as amídalas disparam um alarme: **"Estamos em perigo, prepare-se!"** Isso instala um estado de alerta.

Nessa fração de segundo, o <u>hipotálamo</u>, já avisado pelas <u>amígdalas</u>, coloca-o em fuga ou luta. O <u>hipotálamo</u> ativa o sistema nervoso simpático que avisa as glândulas suprarrenais para aumentarem a liberação dos hormônios adrenalina e noradrenalina. Afinal, você precisa ter força nas pernas se precisar correr, não é? Então, ele desencadeia uma série de reações químicas e elétricas que o deixam pronto para fugir ou tentar encarar o cachorro, que pode ser um pitbull pronto para devorá-lo ali mesmo no quintal de sua amiga.

Nesse meio-tempo, você começa a sentir o coração acelerar, as mãos suar e uma vontade enorme de sair dali — o mecanismo de fuga e luta foi ativado com sucesso! E olha que isso aconteceu sem você sequer ver o cachorro!

Vendo toda aquela bagunça em seu sistema, o <u>hipocampo</u> começa a tentar se lembrar de situações semelhantes àquela que você viveu. **"Nós já sobrevivemos a isso? É mesmo uma ameaça?"** Ao mesmo tempo, o córtex pré-frontal tenta assumir o controle: **"O que está acontecendo aqui? Isso é mesmo necessário?"**

Neste instante, sua amiga diz:

— Não precisa se assustar, Fred está preso.

Ouvindo isso, você respira sentindo alívio. O hipocampo se lembra de que um cão preso não traz riscos, ou o córtex pré-frontal, por fim, aceita que aquilo não é um perigo, e, então eles avisam ao hipotálamo: **"Estamos seguros, pode parar toda bagunça aí!"**

Você volta a respirar mais calmamente, o medo despede-se aos poucos, até que o cachorro late novamente e todo esse mecanismo não se repete — Você está em segurança, não será agredido, e seu cérebro já entendeu isso.

Você conseguiu perceber como funciona a anatomia do medo? É claro que todo esse processo envolve uma fração tão curta de tempo, que você levou mais tempo para ler essa história do que levaria para sentir tudo isso, caso estivesse vivendo essa situação. Isso porque resumi o caminho do medo para facilitar para você — sim, o medo é uma reação que passa por várias áreas do cérebro, com vários nomes que você provavelmente não lembraria, por isso, prefiro que entenda, pois quando entendemos, é muito mais fácil gerenciar nosso medo.

Mas imagine que nem seu hipocampo e nem o córtex pré-frontal parem as ações do hipotálamo. Você continuará sentindo medo, acreditando que aquele perigo é, sim, muito real e que você precisa *fugir* dali ou, caso isso não pareça possível, *lutar* com a ameaça. É nesse descontrole do medo que surge a fobia.

O medo é um recurso de proteção; a fobia é um problema que o deixa vulnerável.

A pessoa que tem uma fobia específica de animal, por exemplo, não terá toda a reação de medo interrompida ao ouvir da amiga que o cachorro está preso. O latido a deixa atordoada, ela pensa que o cão se soltará, se lembra de alguma situação traumática que sofreu com um animal ou outro possível elemento. O porquê de o fóbico não conseguir interromper essa reação não importa — neste momento —, mas sim, o fato de que, mesmo que a situação não seja de perigo, seu corpo todo acreditará que é, porque ele reage ao que o cérebro diz.

Pensando um pouco mais neste contexto, podemos ampliar a reação do medo dentro da fobia. Você percebeu que o medo é um resultado de uma ameaça? E que, se essa ameaça for classificada como inofensiva, toda a reação do medo é parada? Isso ficou bem claro, não é mesmo?

Até o momento, citamos um caso que envolve um medo associado a uma presença física: o cachorro. Mas já parou para pensar quanto medo sentimos mesmo diante de objetos, situações e seres que não oferecem risco algum inicialmente? Esclarecerei isso para você a seguir.

O medo diante de um leão serve para lhe proteger de um ataque. É um medo que protege sua vida. Agora, o medo diante de uma plateia protege sua vida? Não! Você não precisa fugir ou lutar com as pessoas que estão lhe escutando. Mesmo assim, sentimos um frio na barriga e medo. Mas por que estamos falando disso?

Porque é necessário que você se lembre de que não estamos mais vivendo no meio da floresta ou na natureza, o que nos colocaria em situação de luta e fuga o tempo todo. Isso está claro para você, *mas não está para seu cérebro*! É por isso que mesmo diante de situações do dia a dia, ele acredita que sua vida corre perigo e que precisa acionar toda aquela reação ilustrada na história do cachorro.

Sabendo disso, você precisa aceitar que o medo sempre estará com você. Ele faz parte de seus recursos de sobrevivência e seria muito difícil viver sem ele.

Afinal, imagine que você não sinta medo algum. De que forma ficaria alerta ao atravessar uma rua? Que cuidados teria ao se aproximar de um precipício? De onde tiraria forças para correr de um ladrão?

Repito, ter medo é completamente normal. A diferença entre fobia e medo está na intensidade dessa sensação, sua frequência e na reação do indivíduo quando se expõe àquilo que teme.

É verdade que existe uma relação muito tênue entre o prazer e o medo. Afinal, o medo é uma sensação que nos faz sentir vivos, por isso alguns chegam a se viciar em toda essa adrenalina. Depois de falarmos tanto do medo, da forma como foi falado, associá-lo a algo positivo parece uma missão complicada, mas a verdade é que não é tão difícil assim. Até porque, os filmes de terror, parques de diversões, esportes radicais e outros meios de entretenimento exploram cada vez mais a relação entre o prazer e o medo.

O fato de o ser humano começar a gostar da sensação atribuída ao medo mostra a sensação saudável de sentir o medo, mas em quantidade e intensidade moderada. Por isso, sentir medo em algumas situações de sua vida é normal. Mas quando essa sensação parece que nunca passará ou é muito recorrente, precisa ser controlada.

O segredo de controlar o medo está em aceitar que ele está ali, mas desenvolver mecanismos que ajudem seu **hipocampo** e **córtex pré-frontal** a parar a reação quando a situação não for realmente perigosa. E como isso é possível?

No exemplo anterior sobre a visita à casa de sua amiga, ao ouvir o latido do cachorro pela segunda vez, você não sentiu medo. Por quê? Temos, pelo menos, dois motivos:

1. Você se lembrou de cachorros presos quando sua amiga disse que o dela estava preso. Isso trouxe memórias à sua mente de cachorros nessas condições que provaram que eles não podem fazer nada contra você.

2. Você já tinha ouvido outros latidos e "sobreviveu". Ou seja, você viveu uma situação em que o latido não representava uma ameaça.

Isso mostra algo que você sempre ouviu: **precisamos encarar nossos medos, e só assim poderemos domá-los, em vez de sermos dominados por eles.**

Aristóteles disse algo muito interessante sobre isso:

> *"Acho que é mais corajoso quem vence seus medos do que quem vence seus inimigos, porque a vitória mais difícil é sobre si mesmo."*

A Tríade Cognitiva

Nessa frase simples, ele mostra que vencer nossos medos não é nada fácil e exige muito mais força. Mas fique tranquilo, pois isso é perfeitamente possível.

A Tríade Cognitiva

A terapia cognitiva comportamental enfatiza o presente. O terapeuta busca ajudar a pessoa a enfrentar seus desafios da atualidade, analisando de que forma seu comportamento é influenciado por seus pensamentos, fazendo com que a pessoa enxergue onde todo seu desafio começa: **na sua mente.**

Assim, surge a base da terapia cognitiva: a tríade cognitiva. De forma resumida, essa tríade relaciona **os pensamentos, os sentimentos/emoções e o comportamento** da seguinte forma:

> *Os pensamentos geram sentimentos e emoções que são capazes de moldar seu comportamento.*

Talvez você esteja se perguntando por que estou abordando essa tríade em um capítulo sobre o medo. Isso ficará claro quando pensarmos em Marília, que tem um medo enorme de viajar de avião. Marília não põe os pés dentro de um avião há muitos anos e tem pavor só de se imaginar lá dentro. Sua justificativa é a de que o avião certamente cairá enquanto estiver sobrevoando o mar. Agora, pense na tríade:

1. Marília **pensa** que o avião cairá no mar.

2. Logo, ela aciona toda a reação fisiológica do medo por meio de seus sentimentos.

3. Assim, desenvolve um comportamento de fuga em relação aos voos, preferindo viajar por diversas horas em um ônibus a enfrentar o medo.

Percebeu como o medo está intimamente ligado à tríade cognitiva? Os pensamentos são capazes de desenvolver uma reação de medo que faz com que a pessoa tenha comportamentos que reforcem sua fobia. Assim, o medo se mantém.

É fundamental pensar nessa tríade quando falamos de medo, justamente porque, quando a compreendemos, fica fácil saber que os pensamentos podem gerar o medo, mesmo diante de uma situação completamente hipotética, na qual não exista nenhum perigo real.

Estar em um elevador, por exemplo, não representa um perigo real. Mas, por meio do pensamento, a pessoa consegue desenvolver inúmeras hipóteses que são capazes de desencadear a reação de medo:

"E se quando eu chegar no meu andar a porta não abrir?"

"Este elevador é velho, tem muitas chances de cair!"

"Ficarei sozinha aqui dentro se a energia acabar!"

Nada disso aconteceu, mas a pessoa que *pensou* nessas hipóteses conseguiu acionar todo o mecanismo de fuga e luta, e mesmo que aquela hipótese não se concretize — afinal, é um pensamento distorcido —, a pessoa não consegue sair do estado de medo.

Neste ponto, há a necessidade de controlar os pensamentos automáticos. Esses pensamentos, que surgem rapidamente diante de uma situação que nos causa desconforto, podem moldar nosso comportamento posterior. É por isso que precisamos trazê-los para o racional. De que forma?

Os pensamentos distorcidos são como reforços de nossos medos. Por isso, quando estiver diante do que lhe causa medo, tente se concentrar nos pensamentos que o medo gera e pergunte a si mesmo:

- Esses pensamentos são reais?
- Estatisticamente, isso de fato tem grande probabilidade de acontecer comigo?
- Minha vida realmente está correndo perigo com essa situação?
- Já passei por situações semelhantes a essa sem nenhum dano físico?

Ao fazer questionamentos como esses aos seus pensamentos automáticos, você os traz para o racional, tirando o poder sobre seu emocional que eles tinham antes. Você começa a perceber que esses pensamentos o sabotam por serem distorcidos, e isso pode ajudá-lo a afastar a situação de medo.

No entanto, para pessoas fóbicas, livrar-se do medo não é tão simples assim. Lembra-se de quando falei da diferença entre medo e fobia? Deixei claro que a fobia está relacionada ao descontrole, ou seja, a pessoa não consegue explicar o porquê de sentir tanto medo, logo, se não compreendê-lo, não conseguirá acabar com essa sensação. Então, a fobia, diferentemente de uma reação comum de medo, precisa ser tratada.

Mas quando é preciso procurar ajuda? A resposta está relacionada à intensidade do medo. A pessoa que enfrenta uma fobia sente enorme ansiedade só de pensar no objeto ou na situação geradora do medo, e por causa disso, passa a evitar ocasiões em que se sinta exposta ao medo. Quando não é possível evitá-las, vive esses momentos em estado de dor e ansiedade — essa é a hora de pedir ajuda.

É claro que, ao procurar ajuda, todos esperam encontrar a cura. No entanto, se livrar de uma fobia não é sinônimo de se livrar do medo, mas, sim, de conseguir *enfrentá-lo de forma racional*.

Por isso, a cura de uma fobia é um objetivo alcançável, e está relacionado ao processo de superação por meio do autoconhecimento, um estado em que a pessoa visualiza não apenas sua relação com o medo, que não consegue controlar, mas todo seu histórico de uma forma holística, por meio do conhecimento de si mesma.

A partir do momento em que você consegue se ver de forma panorâmica e compreende os reais motivos para a manutenção desse comportamento, enfrentá-lo e se curar da fobia torna-se realidade.

Conhecer a si mesmo, seus medos, traumas e seu histórico envolve observar-se de forma imparcial e analisar sua relação com o meio. É por isso que no processo de enfrentamento de uma fobia, é fundamental que os perfis e sistemas familiares sejam considerados.

.3.

PERFIL E SISTEMAS FAMILIARES

Você já percebeu que existem várias fobias, como a fobia social, agorafobia e as fobias específicas. Com toda essa abrangência, decidi dar mais atenção às fobias específicas, pois elas estão entre os transtornos de ansiedade de maior prevalência, afetando cerca de 11% da população em geral.[1]

Como vimos, as fobias específicas são caracterizadas por um medo irracional que aprisiona a pessoa, fazendo com que ela evite situações em que acredita correr grande risco, quando, na verdade, esse risco pode ser pequeno ou até mesmo *inexistente*.

Os atributos mais frequentes de uma fobia são:[2] "(...) medo excessivo, imensurável, de um objeto ou situação; comportamento de esquiva em relação ao objeto temido e grande ansiedade antecipatória quando próximo ao objeto em questão."

O fóbico, diante de uma exposição ao estímulo que causa medo ou mesmo da possibilidade de imaginar estar em contato com a situação temida, pode manifestar sintomas físicos (tremores, fraqueza, sensação de falta de ar, dores, frio no estômago, mãos frias, suor, palpitações, podendo ocorrer ataques de pânico etc.) e psicológicos (dificuldade de concentração, mal-estar mental, pensamentos catastróficos, raiva, medo ou constrangimento).

Dentro do cenário das fobias específicas, podemos notar que as pessoas que sofrem com elas têm um perfil semelhante, e na maioria das vezes, esse traço está muito relacionado aos sistemas familiares. Você entenderá por que isso ocorre ainda neste capítulo.

Neste livro, abordamos apenas os perfis de pessoas fóbicas, dada a quantidade de fobias específicas existentes. É por isso que limitarei esses perfis a quatro fobias mais comuns: fobia de animal, fobia de sangue, fobia de avião e claustrofobia — e associações com a agorafobia. Dentro de cada uma dessas fobias, analisemos um pouco sobre o perfil de quem é acometido por elas.

Fobia por Animais

Medo relacionado a animais ou insetos, como cachorros, aranhas, cobras e baratas.

Desde pequenos, somos avisados sobre os animais que geram repulsa e/ou medo, como aranhas, cobras, roedores, insetos e outros animais peçonhentos. Isso pode contribuir para a elevada porcentagem de pessoas que temem estar diante desses animais. Como exemplo, nos Estados Unidos, foi realizado um estudo com mais de 8 mil pessoas, e descobriram que 22,2% dos indivíduos relataram ter medo de animais. Uma porcentagem maior quando comparada a outras situações de medo, como altura, tempestades, locais fechados e sangue.[3]

Normalmente, a fobia de animal começa na infância e afeta duas vezes mais mulheres do que homens.[4] As características físicas dos animais (cor, tamanho, pelo) e o movimento (imprevisibilidade, velocidade) são variáveis que afetam o medo.

O sujeito que apresenta essa fobia pode mudar seu comportamento para se proteger, ficando na defensiva, certificando-se de que não há animais temidos no campo de circulação, usando roupas de proteção ao passear no campo ou fugindo de um animal que se aproxime. Às vezes, o padrão de evitação é mais extremo, a ponto de não se conseguir pronunciar o **nome** do animal temido.

Todas essas ações reforçam o medo, pois levam a pessoa a ficar mais distante do objeto temido. Ou seja, quanto maior a distância, maior o medo. Por isso, é fundamental se aproximar de seus medos.

Para entender como isso acontece, conheça a seguir pessoas que sofrem com fobias.

Maria

Mulher, 37 anos, tem dois irmãos.

Eu sinto muito medo quando vejo algum cachorro. Já cheguei a atravessar a rua várias vezes ao ver um cachorro, simplesmente por imaginar que ele poderia latir para mim ou, pior, me atacar.

Lembro-me de quando tudo isso começou. Eu tinha apenas 6 anos de idade, quando o cachorro da minha vizinha latiu muito alto bem próximo ao meu ouvido. Aquilo me marcou, e a partir daquele momento , vivi com esse medo constante. Mesmo assim, ainda consigo ter boas lembranças do período

> em que convivi com os cachorros da minha querida avó.

> Ainda moro com minha mãe e meus irmãos, mas não quero mais viver assim, não me sinto bem em continuar dependendo deles. Sinto-me sufocada! Não gosto do inesperado. Da última vez que minha irmã voltou de uma viagem, toda a rotina mudou, e eu detesto perder o controle. Fiquei irritada com aquilo, mesmo assim, quando me perguntaram sobre isso, preferi não falar nada, porque demostrar meus sentimentos é o mesmo que demonstrar minhas fraquezas.

Fobia de Injeção/Sangue

Medo relacionado a procedimentos médicos ou situações que exponham o indivíduo a injeções, sangue e afins.

Um certo desconforto em relação ao sangue, a injeções, ferimentos ou deformidades físicas é normal ao ser humano. Mas quando alcança patamares fóbicos, causa prejuízos e sofrimentos, interferindo na qualidade de vida das pessoas que padecem desse transtorno.

Em relação a outras fobias, esta apresenta uma característica peculiar: a possibilidade da perda de consciência quando a pessoa é exposta ao estímulo fóbico, e geralmente ela sente náuseas, que podem ser seguidas de síncope (desmaio).

Nos primeiros segundos diante do estímulo temido, ocorre um aumento da ativação fisiológica (taquicardia, sudorese, entre outros). Após um breve período de aceleração, passa-se imediatamente por uma queda rápida (o ritmo cardíaco pode ser de 35 a 40 batimentos por minuto, a pressão arterial cai etc.), podendo apresentar tontura, palidez ou desmaio por diminuição da oxigenação no cérebro.

Outro aspecto singular nas fobias de injeção/sangue é que há um componente genético maior. Um estudo mostrou que 61% dos sujeitos com fobia de sangue e 29% com a de injeção relataram ter parentes de primeiro grau com os respectivos medos.[5]

Clara

Mulher, 27 anos, tem dois irmãos.

A ideia de ir a um hospital já me assusta, por isso, evito ir a todo custo. Na verdade, nem consigo me lembrar de quando foi a última vez que fui, afinal, já fiquei quatro anos sem fazer exame de sangue e seis anos sem tomar vacina.

Mas eu não estou sozinha nesse desafio. Minha mãe e minha vó têm o mesmo medo. Talvez isso seja de família. Falando nisso, passei grande parte de minha infância com minha vó. Ela sempre me protegeu tanto!

Eu tento ser perfeita o tempo todo, mas isso não é nada fácil para uma mulher que se sente incapaz como eu. Mesmo depois de ser aprovada em uma universidade pública em terceiro lugar, sinto-me muito insegura! Pelo menos as rédeas da família eu consigo manter, afinal, sou sua referência e preciso manter o controle.

Fobia de Avião — Aerofobia

Medo relacionado ao voo, quando se expõe a correntes de ar.

Um meio de locomoção muito utilizado nos dias atuais é o avião. Com essa máquina voadora, podemos atravessar o planeta, assim como cruzar distâncias significativas em um curto período de tempo. Mas, apesar de facilitar o deslocamento, ele pode causar medo em algumas pessoas.

Quantas pessoas deixam de visitar seus amigos ou parentes que moram longe em decorrência desse medo irracional e persistente? Alguns, inclusive, perdem boas oportunidades de emprego por causa desse problema. Outros, ainda, só conseguem viajar sob o efeito de medicamentos ou de álcool.

A apreensão por voar varia desde perturbações simples, como somente um desconforto, até situações bem graves que geram medo intenso, trazendo muito sofrimento, o qual é característico desse tipo particular de fobia (aerofobia), e é necessário tratamento com auxílio de especialista.

Esse transtorno é bem comum. Estudos mostram que em torno de 10% a 40% das pessoas que vivem em países industrializados sofrem algum grau de tensão ao viajar de avião.[6] De acordo com o Instituto Brasileiro de Opinião Pública e Estatística (1998), aproximadamente 42% da população brasileira tem medo de viajar de avião.

Segundo Ekeberg e colaboradores (1990), há três grupos de pessoas com medo de voar:

- Nunca viajaram de avião.
- Voam o mínimo possível, sentindo desconforto antes e durante o voo.
- Aqueles que sentem apreensão contínua em grau suave, moderado ou alto. Não chegam a evitar a viagem, mas a vivência torna-se algo desagradável.[7]

O medo de voar de avião pode ser primário ou derivar de outros medos, como o de sofrer um acidente, ficar em um ambiente fechado, medo de altura, da instabilidade, de passar mal, de não ter o controle da situação, ficar em um aglomerado de pessoas, sobrevoar águas e, às vezes, medo de sair de casa e deixar um local familiar.[8]

Vale reforçar que o avião é considerado o segundo meio de transporte mais seguro, perdendo somente para o elevador. A probabilidade de ser atingido por um raio é maior do que a de sofrer um acidente aéreo. Isso confirma a natureza irracional do medo de voar.

Talita

Mulher, 34 anos, tem uma irmã.

Foi bem difícil aquele dia. Eu tinha 14 anos, estava voltando dos EUA, e já no voo entre São Paulo e Curitiba, comecei a me sentir muito mal. Depois disso, viajar ficou muito complicado.

Eu tive certeza de que precisava de ajuda quando, em uma viagem para um congresso, não tive coragem de voltar de avião.

Ainda passei por outra situação mais extrema, em que, despreparada e tentando enfrentar o medo, decidi fazer uma viagem de avião. Foi péssimo! Passei tão mal, que me perguntava o tempo todo: "Quanto incômodo estou causando para essas pessoas ao meu redor?" Mesmo assim, não conseguia me controlar.

Depois de um tempo casada, separei-me. Foi um período difícil, mas foi nessa época que notei o quanto tinha a necessidade de estar no controle naquela relação. Além disso, eu me sentia pressionada o tempo todo a não falhar.

Claustrofobia e Agorafobia

A claustrofobia está relacionada ao medo de ficar em locais fechados, como elevadores, carros, aviões e outros. Sua associação com a agorafobia ocorre porque nela existe o medo de não conseguir fugir ou sair de situações que lhe causem pânico.

O claustrofóbico teme ficar preso e, consequentemente, não conseguir sair do lugar em que está. Essas pessoas se preocupam também com a possibilidade de não haver ar suficiente para respirar, sendo um dos pensamentos mais recorrentes nesse público.[9]

Os objetos mais comuns desse tipo de fobia envolvem medo de utilizar elevadores e medo de avião.[10] Estima-se que aproximadamente 10% da população não se sente confortável em espaços fechados, e 2% sofre de fobia de forma grave. Ao estudar esses indivíduos que apresentam essa fobia em intensidade acentuada, 33% teve seu início na infância.[11]

A fobia também pode vir acompanhada de agorafobia, que consiste em medo irracional e persistente de permanecer em lugares com muitas pessoas (como shows, transporte público, cinema), do qual o sujeito não pode sair facilmente. Também manifesta um receio de passar mal ou não obter ajuda no caso de incapacitação repentina.[12]

É comum um agorafóbico ter medo de ter um ataque de pânico e precisar da presença de uma pessoa de confiança para enfrentar as situações temidas.

Jessica

Mulher, 26 anos, tem dois irmãos.

Desde a infância, quando eu tinha em torno de 10 anos, eu já tinha claustrofobia. Lugares apertados, aviões, elevadores e até mesmo multidões me causavam uma sensação muito intensa de ansiedade.

Lembro-me de ter ficado quinze dias sem sair de casa. A simples ideia de ver as pessoas me assustava, e eu preferia não me expor. Essa sensação me lembrou a época dos trabalhos de escola, quando as apresentações eram sempre muito difíceis para mim.

Outra lembrança bem pior que essa e que sempre me vem à mente é a de quando vi um incêndio ao

> *lado da minha casa, no qual uma pessoa morreu. Nunca me esquecerei disso!*
>
> *Quando criança, havia disputas com meus irmãos. O lado positivo era que, sempre que brigávamos, minha mãe me protegia, e isso me deixava mais tranquila. Mas hoje em dia, na idade adulta, me sinto vulnerável e insegura. Mesmo tendo boas notas, nunca me sinto boa o suficiente. Além disso, por medo de perder o controle, evito ingerir bebidas alcoólicas.*

Fobia de Altura, de Avião e Agorafobia: Uma Conexão com o Equilíbrio!

Três fobias diferentes, mas conectadas por um simples fator: o **equilíbrio**. Como assim?

Estudos mostram que essas fobias podem ser desenvolvidas principalmente por pessoas que apresentam anormalidade no controle de sua postura e de seu equilíbrio. Isso quer dizer que pessoas que têm problemas relacionados ao sistema vestibular — conjunto de órgãos presentes no ouvido, os quais são responsáveis por perceber e interpretar nossos movimentos e nos dar equilíbrio — precisam de mais apoio visual ou cinestésicos para manter o equilíbrio.

Só que, em ambientes altos, existe pouco apoio visual e cinestésico. Já percebeu isso? Por exemplo, ao subir ao topo de uma colina, dificilmente você encontrará vegetação e outros apoios visuais. Dessa forma, a pessoa que é mais dependente desses apoios sente-se desprotegida e insegura. Essa sensação de desproteção faz com que ela se sinta em perigo, com medo da queda.

Esse receio da queda, ou a sensação de estar em risco de cair, pode ser um fator que desencadeie a reação do medo, que você já sabe como funciona. E se ocorre repetidamente, isso influencia o desenvolvimento de alguma fobia, como a de altura, de avião e agorafobia.

Isso foi percebido porque muitas pessoas que apresentam essas fobias não passaram por nenhum evento traumático e esse medo as acompanha desde a infância. Dessa forma, a fisiologia também pode ser um fator que influencie o desenvolvimento de fobias. Mais adiante, você conhecerá outros fatores que, assim como esse, podem contribuir para que a pessoa tenha algum transtorno de ansiedade (Ramos, 2007).[13]

Conseguiu notar, nos perfis de cada fobia, citada quais características parecem se repetir? O que você diria que essas pessoas têm em comum?

Se não conseguiu notar, agora tudo ficará mais claro para você. Todos os exemplos citados mostram ter:

- Necessidade de estar no controle.
- Sensação de insegurança constante.
- Baixa autoestima.
- Dificuldade em expressar seus sentimentos.
- Alto grau de exigência.

- Traços de perfeccionismo.
- Raiva reprimida.
- Necessidade de esconder suas vulnerabilidades.
- Superproteção em algum momento da vida.

Lendo essas caraterísticas, conseguiu conectá-las aos perfis dos pacientes? É bem provável que ao ler **necessidade de estar no controle**, você se lembre de Maria, que não se sente confortável com visitas por medo de perder o controle, ou de Jéssica, que evita bebidas alcoólicas pelo mesmo motivo. Essas situações distintas revelam um traço de perfil em comum: situações que parecem normais no dia a dia podem causar grande ansiedade em quem tem fobia.

A **insegurança constante** e a **baixa autoestima**, características em nossos perfis fóbicos, estão altamente conectadas. Afinal, o indivíduo que tem baixa autoestima dificilmente se sente seguro, e isso agrava ainda mais seu medo.

Essa **insegurança** pode se refletir na dificuldade de expressar seus sentimentos, como no caso de Maria, que acredita que, se expressar seus sentimentos, estará demonstrando fraqueza, por isso, insegura com o que sente, prefere não se abrir.

Embora resultados comprovem sua inteligência — aprovados em vestibulares, boas notas, graduações —, os pacientes costumam se sentir incapazes, tendo um **alto grau de exigência**, esforçando-se ao máximo para atingir a **perfeição**, como ficou claro quando Clara relatou que deixava de entregar trabalhos por não os considerar bons o suficiente.

De acordo com o psiquiatra Daniel Amen, a maior parte das pessoas com fobia e/ou síndrome do pânico apresenta hiperatividade nas grandes estruturas no fundo do cérebro, denominadas de gânglios basais. Essa região é responsável por uma ação motora maior e fortalecimento do medo.

Uma curiosidade sobre esse tema é que é comum altos executivos apresentarem atividade maior nessa parte do cérebro, o que vem de encontro com o perfil fóbico.[14]

O desenvolvimento de uma fobia muitas vezes está relacionado ao deslocamento de um sentimento mal compreendido na infância em relação a uma pessoa querida, como raiva, tristeza ou decepção. Ou seja, é como se a criança ou adolescente guardasse, inconscientemente, esse sentimento traumático e o acessasse ao receber uma cobrança externa, como uma exigência de desempenho ou algo similar.

Outra característica muito comum é a **raiva reprimida**. Perfis fóbicos costumam não saber expressar sua raiva, pois se preocupam muito com o que os outros podem pensar, evitando, assim, qualquer situação de conflito.[15]

Ao evitar situações de conflito e "armazenar" sua raiva, a pessoa acumula sentimento negativo, que em algum momento precisará ser colocado para fora, só que em dosagem muito maior. Desta forma, essa raiva represada poderá afetar a convivência com outros — familiares, amigos e pessoas que o cercam, mas principalmente o fóbico, que precisará lidar com o estresse, ansiedade e irritabilidade —, consequências que a longo prazo desencadeiam mais problemas.

Por isso, muitas vezes, eles evitam se abrir e expressar seus sentimentos, pois acreditam que fazer isso **demonstre vulnerabilidade**, e por terem necessidade de controle, parecer fraco é algo, na mente deles, que precisa ser evitado.

O interessante é que, muitas vezes, essa necessidade de mostrar controle esconde uma falta. Por terem sido **superprotegidos em algum momento da vida**, tornam-se dependentes, mas não querem que os outros percebam isso, porque, muitas vezes, nem mesmo eles aceitam essa realidade.

Pensando nisso, conseguimos entender por que precisamos estudar os perfis: **essa análise nos ajuda a notar padrões semelhantes nas pessoas fóbicas.**

Ao perceber isso, a abordagem e tratamento das fobias pode ser mais facilmente assertiva, porque, mesmo que as fobias específicas sejam muito variadas em relação ao objeto fóbico, os perfis podem ser muito parecidos.

Assim, ter uma ideia sobre a origem dessas fobias torna-se um objetivo mais alcançável.

Embora não existam comprovações que expliquem cientificamente as causas das fobias, estudos costumam elencar três fatores:[16] traumático, genético e ambiental. Além desses três fatores, há ainda o fator intrauterino e o fator fisiológico, observados a partir de percepções de profissionais da área, como veremos a seguir.

- Fator traumático: quando a própria pessoa passa por uma vivência ruim.

- Fator genético: transmissão de informações.
- Fator intrauterino: por meio de influência materna durante a gestação.
- Fator fisiológico: quando anormalidades fisiológicas influenciam o desenvolvimento do medo.
- Fator ambiental: quando o medo é aprendido na observação do medo de outros.

Quando pensamos no fator traumático, tudo fica bem claro. Se alguém passou por turbulências violentas em um voo, por exemplo, é compreensivo que desenvolva medo de viajar de avião e de ter de enfrentar novamente essa experiência, não é mesmo? Então, adquirir aerofobia é um resultado de uma situação traumática. É importante compreendermos também que nem todo fator traumático está diretamente relacionado ao objeto temido, podendo ser resultado de um sentimento deslocado.

Traumas geram dor, e a dor gera marcas físicas e mentais.

Segundo estudos genéticos, as fobias específicas têm um componente familiar, em que parentes de primeiro grau de um indivíduo com fobia têm risco maior de desenvolver esse sintoma, em comparação com parentes de sujeitos sem transtornos mentais (31% versus 11%).[17]

Além do fator traumático e genético, existe ainda um terceiro fator que é pouco explorado: o *fator intrauterino*.

Esse fator diz respeito à programação da vida intrauterina, momento de muita importância para a construção do ser.

Nesse contexto, tudo o que a mãe sente, pensa, imagina e vivencia é também sentido pela vida que ela carrega. O bebê, frágil e indefeso, está exposto a sua casa, que, durante a gestação, é o organismo de sua mãe.

Desta forma, a ansiedade que a mãe sente, por exemplo, está vinculada aos hormônios e aos neurotransmissores que percorrem a corrente sanguínea, chegando à placenta e, por fim, ao bebê.[18] Por isso, a família é capaz de influenciar o indivíduo até mesmo antes de ele saber que isso é possível. Sobre isso, Lewin (1935)[19] associou a claustrofobia às angústias do bebê no ventre, que se defende voltando à posição fetal, uma reação comum em crises de ansiedade. Isso nos mostra a conexão entre a gestação e o desenvolvimento do medo.

Lembra-se do quadro sobre a influência do sistema vestibular para o desenvolvimento de fobias de avião, altura e agorafobia? Por ter alguma anormalidade no sistema de equilíbrio, a pessoa fica mais suscetível a desenvolver essas fobias. Isso nos mostra que a formação física do ser também pode, ou não, exercer influência sobre o desenvolvimento desses transtornos de ansiedade.

Mas a influência não para por aí. No fator ambiental, entende-se que o meio em que o indivíduo cresce pode afetar, ou não, diretamente o desenvolvimento de uma fobia, bem como causar outros transtornos.

Sendo assim, sabemos que, ao falar do fator genético, intrauterino e ambiental, os sistemas familiares ganham evidência. Por quê?

O fator intrauterino é um elo inegável entre mãe e filho. Já a genética conecta diretamente os familiares, sendo assim, quando olhamos por esse ângulo, o parentesco se torna uma ponte direta entre a pessoa e a fobia. Por outro lado, quando falamos de fator ambiental, relacionamos o desenvolvimento de uma fobia à influência que a pessoa sofre de acordo com o meio no qual ela viveu. E existe algum meio que nos influencia mais do que nossa própria família?

O primeiro contato que temos com o mundo ocorre por meio de nossos familiares. Nossos pais, irmãos, avós ou responsáveis, mesmo sem perceber, incutem-nos um turbilhão de crenças que podem nos proporcionar o desenvolvimento de fobias. Clara relatou que sua mãe e avó sofriam da mesma ansiedade em relação ao sangue. Quantas vezes ela deve ter estado em situações em que sua mãe e avó recusaram uma vacina ou tratamento? De forma indireta, esse medo perpetuou-se de geração em geração, até chegar a ela. É exatamente por isso que o tratamento das fobias específicas envolve fazer com que o paciente compreenda o papel da família em sua recuperação. Como assim?

É verdade que o tratamento pode envolver a presença física de algum familiar, como pai ou mãe, em alguma sessão, mas o ponto vai além disso. O paciente precisa compreender que sua relação com a família tem influência em seu comportamento fóbico.

Para esclarecer, pensaremos no caso de Jéssica. Ela relata ter medo de locais fechados, como aviões, medo que sua mãe também tem. Ao falar sobre esse medo com a mãe, que não está em tratamento, é provável que sua insegurança seja fortalecida à medida que a mãe tenta justificar seu próprio medo. Pode ser que a mãe até mesmo cite casos de acidentes ou relate situações de turbulências, reforçando a fobia da filha. A situação inversa também é possível.

Ao relatar ao irmão que ficou quinze dias sem sair de casa, Jéssica pode ser censurada ou até ser mal interpretada. Da mesma forma, sua fobia é reforçada, pois isso lhe causa ansiedade e angústia pelo sentimento de incompreensão.

Assim, Jéssica só se sente confortável para enfrentar o objeto temido ao lado das pessoas em que confia (familiares ou amigos). Isso está relacionado com os sintomas da agorafobia.

Logo, um tratamento que envolva o sistema familiar está relacionado não simplesmente à reação que o familiar terá com o paciente, mas *à sua resposta a essa reação*.

Ou seja, não importa a ação do meio, mas, sim, como você reagirá a essa ação.

Quando isso fica claro, lidar com os próprios medos torna-se uma tarefa árdua, mas alcançável, já que a fobia é o resultado de um medo exagerado provocado pela própria mente. A resposta a esse medo não pode estar em outro lugar, caso não ressignifique suas próprias crenças.

Criando Filhos sem Fobias

É bem óbvio que nenhum pai, mãe ou responsável deseja que seu filho desenvolva, mesmo que após adulto, alguma fobia. Mas é inegável, como vimos antes, que os sistemas familiares podem facilitar o desenvolvimento de uma das fobias. Partindo dessas duas verdades, decidi escrever este tópico para você que deseja saber quais recursos tem para inibir as fobias em seus filhos.

Alguns pais acabam repetindo padrões. O que isso quer dizer? Às vezes, algum medo lhe foi incutido como uma forma de repreensão em sua infância: *"se sair de perto de mim, um homem o levará embora"*, *"se fizer pirraça, o deixarei aqui sozinho"*, e assim por diante. Frases simples, mas que podem gerar traumas, os quais, lá na frente, podem não ter sua origem descoberta e ser replicados para mais uma geração. Por isso, é fundamental pensar nas formas que são usadas para educar as crianças, pois elas não têm discernimento para entender que os adultos mentem.[20]

O medo tem origem na vivência primária: a falta do abraço, do apoio, do sentimento de acolhimento e proteção desde quando nascemos.[21] Por isso, os medos terríveis que desenvolvemos estão associados a essa etapa de nossa vida, muitas vezes desconsiderada até por nós mesmos, simplesmente porque não conseguimos nos lembrar. Aí entra o poder dos pais.

Uma observação importante nesse processo e que precisa ficar bem clara para você: **seus medos não podem ser os medos de seus filhos**. Isso quer dizer que, se você tem medo de cachorro, isso não pode ser justificativa para seu filho não ter convivência com algum. Se você tem medo de agulha, não pode incutir isso em seu filho, ao ponto de ele desenvolver o mesmo medo. Se você tem medo de lugares apertados, não precisa evitar que seu filho entre em um elevador.

E isso não está simplesmente relacionado a não deixar que seu filho faça isso ou aquilo, com você ou outra pessoa. Mas há algo muito mais impactante para uma criança: o que você fala.

Seus medos são reforçados pela repetição. Os medos de seus filhos também.

Então, não repita para ele o quanto um elevador é perigoso e temido. Ele acreditará nisso mesmo depois de crescer e talvez nem se lembre o porquê.

Mesmo que você acredite convictamente que aquele medo é justificado, nunca exagere com uma criança. Lembre-se de que a mente dela é fértil, e tudo que você plantar ali crescerá muito mais do que em sua mente calejada pelo tempo.

Assim, chegamos a outro ponto fundamental na criação de crianças sem fobia: escutar, entender, aceitar, ajudar e valorizar a autonomia de seu filho. Afinal, todo mundo tem medo. Por que as crianças não teriam?

Primeiro, você precisa escutá-lo. Ele sentirá que tem sua atenção e que pode confiar o medo que sente a você.

Segundo, é necessário entendê-lo. Esforce-se, pois nem sempre é fácil entender um medo que não sentimos. Para lhe ajudar, separei alguns dos medos mais comuns por faixa etária.[22] [23]

Medos mais comuns:

0–6 meses

- Ruídos fortes
- Perda de apoio

6–18 meses

- Pessoas e situações estranhas
- Separação de figuras de vinculação
- Altura

2–3 anos

- Animais
- Objetos grandes

3–6 anos

- Escuro
- Pessoas mascaradas
- Tempestades
- Perda/separação prolongada dos pais

6–10 anos

- Seres imaginários (monstros, fantasmas)

- Medo de se expor, de falar nas aulas, de ir ao quadro negro
- Preocupação com ferimentos
- Acontecimentos sobrenaturais

10–12 anos

- Aparência física
- Morte ou medo de perder um familiar
- Preocupação com as amizades

13 anos ou mais

- Independência e planos de vida
- Receio de errar
- Rejeição
- Preocupações com as relações interpessoais

Terceiro, aceite a existência do medo. Mesmo que aquele medo lhe pareça estranho ou até mesmo sem sentido, é preciso aceitar que, para a criança, aquele medo existe. Nunca ridicularize ou negue a existência do que ela sente.

Quarto e muito importante, ajude-o a enfrentar o medo. Como? As técnicas que conheceu e as que ainda conhecerá neste livro também poderão ser aplicadas às crianças. Mas, especialmente nesta parte, deixarei duas técnicas para você encorajar seu filho.

Toda criança gosta de uma boa história, não é mesmo? Pensando nisso, use esse recurso para ensinar seu filho a ter coragem. Experimente contar histórias que o estimulem a enfrentar seus medos! Para ajudá-lo a contar histórias assim, separei este momento do livro para você envolver seu filho em sua leitura. Experimente contar a história a seguir para ele usando as ilustrações para estimular a criatividade. Além disso, leia com calma e inclua as informações que achar que farão sentido com a realidade de vocês.

Em uma floresta, existiam vários animaizinhos felizes, cada um com suas próprias tarefas. Entre eles, havia Bella, uma borboleta colorida que amava voar, principalmente de uma flor a outra.

Mas Bella começou a ter medo de Tody, o sapo, que rondava o mesmo jardim que ela.

O medo que Bella sentia era tão grande, que ela parou de voar! Não ia mais ao seu belo jardim e ficava quieta em sua casa, voando o mínimo possível, para não atrair a atenção de Tody.

Um belo dia, Bella teve uma ideia. Se ela fosse um sapo, não precisaria mais ter medo! Então, começou a testar poções mágicas para se transformar. Até que conseguiu!

Agora, como uma sapinha, Bella podia pular pelo jardim e até conversar com Tody. Até que viu Serpa, uma cobra que costumava passar por ali. Na mesma hora, Bella saltou para bem longe e, novamente com medo, isolou-se. E se Serpa a machucasse? O que ela poderia fazer?

Perfil e Sistemas Familiares 73

Voltou para seu laboratório, criou uma nova poção mágica e transformou-se em uma linda cobra, igual a Serpa! Agora, ela rastejava rapidamente por toda a floresta.

Mas algo ainda a preocupava. E agora, o que ela faria?

Triste, isolada e chateada, Bella lamentava-se pela floresta nas poucas vezes que saía da toca.

Em uma de suas raras saídas, encontrou Fred, uma linda borboleta de asas azuis. Ela contou toda sua história para ele, chorando. Então, Fred disse algo que mudou Bella.

"Não temos que tentar nos livrar do medo, ele serve para nos proteger. Precisamos mesmo é ter coragem para colocar o medo no lugar em que ele precisa estar."

Bella ficou pensativa, voltou para seu laboratório, tomou a última poção que fez pelo resto de sua vida e voltou a ser uma borboleta.

Voando por toda a floresta, voltando a fazer o que sempre amou, Bella percebeu que ser outro animal não a deixaria sem medo, porque o medo é importante. Mas que ser ela mesma fazia com que tivesse mais coragem — e era exatamente disso que ela realmente precisava!

As coisas que falamos aos nossos filhos enquanto eles estão acordados influenciam toda sua vida. Mas precisamos pensar também em outra opção eficaz: encorajá-los enquanto estão dormindo.

Contar histórias para as crianças dormirem já é um costume antigo, repetido e repassado de pais para filhos. Acontece que, no meio da história, muitas vezes a criança acaba caindo no sono, e este também é um momento de encorajar e educar.

Depois de seguir os três passos anteriores, você terá consciência do desafio pelo qual seu filho está passando. Com esse conhecimento, use frases que o estimularão a enfrentar seus medos e, principalmente, que o façam sentir que é capaz.

Na prática, veja como você pode aplicar essa técnica.

1. Espere a criança dormir de verdade. O sono REM (*rapid eye movement* ou movimento rápido dos olhos) costuma chegar após uma hora. Espere pelo menos esse período;

2. Leia um pequeno texto ou frase que o estimule a enfrentar o medo. Repita a leitura de forma suave e serena, para não o acordar, por umas seis vezes;

3. Faça isso durante 21 dias.

Quanto mais vezes repetirmos, melhor a fixação do aprendizado. É por isso que esta técnica não poderia ficar de fora. Ao fazer isso, você estimulará seu filho a desenvolver a coragem. Mas e se você não souber que texto ou frase usar? Eu lhe darei algumas opções.

1. Para ajudá-lo a ter coragem

(nome da criança), você pode se sentir seguro e protegido. Você pode, você consegue e você é capaz de ser corajoso.

2. Para fazê-lo se sentir amado

(nome da criança), você é amado por toda sua família. Você pode sentir o quanto gostamos de você, você é muito especial para mim e para todos da sua família.

Essa é uma das técnicas que podem ser usadas com seu filho. Mas a melhor e maior delas é fazer a criança "se sentir amada" e como "parte" da família. É necessário que ela se sinta acolhida e amada na família para evitar que se torne refém de seus medos.

Quinto, envolve a valorização da autonomia das crianças e a necessidade do erro e riscos na vida. *O amor* nunca pode ser confundido com a *superproteção*, porque ela aprisiona a criança em um mundo de regras desnecessárias.

Pais superprotetores não permitem que seu filho desenvolva autonomia, criando adultos dependentes e inseguros. Por isso, sempre observe se não está sendo protetor ao ponto de gerar essa dependência em seu filho.

E se você tem mais de um filho? Todos os pontos já conversados precisam de atenção, e ainda acrescento mais um: a importância de mostrar um sentimento igualitário. O que seria isso?

É comum ver irmãos se queixando de não ser os "preferidos". Muitas vezes, os pais se esforçaram para não demonstrar nenhuma preferência, e, mesmo assim, o sentimento de ciúmes ainda prevalece. Ainda mais se essa preferência realmente existir!

Por isso, é importante estar atento se, entre os filhos, o tratamento tem realmente sido igual. Extinguir o ciúme é um caminho para que a criança sinta-se amada, sem se comparar com ninguém.

Para concluirmos, é fundamental se lembrar de que o desenvolvimento de fobia pode ou não ser desencadeado por alguma vivência na infância. É importante pensar que, se seu filho tem alguma fobia, agora já adulto, **é tarefa dele enfrentá-la.** Você não é o responsável. Você fez o que podia com os recursos que tinha ao criá-lo. É preciso aceitar que o que foi feito é passado. Mas se há algo que podemos definir é nosso futuro, e ele é resultado do agora, do nosso presente.

Além de ajudar seus filhos, é necessário pensar em você e em quais medos têm lhe impedido de levar a vida que deseja. Por isso, explicarei minha técnica de enfrentamento por meio da *coragem*.

Sua mente é composta por consciente, subconsciente e inconsciente!

Você já parou para pensar em qual nível mental as fobias estão? Ou se seus medos são conscientes?

Neste capítulo, você viu que existem formas de estimular a coragem de seus filhos durante o **sono REM**, um estado em que se atinge uma onda cerebral ideal para trabalhar o subconsciente da criança com palavras e frases positivas. Para entender um pouco mais sobre a mente, explicarei sobre como ela funciona.

É claro que você deve ter percebido que nem tudo o que fazemos acontece de forma consciente. Algumas atividades se tornam automáticas, e outras, mesmo nunca tendo sido feitas, são bem desempenhadas, provando que nossa mente não é totalmente consciente. Por isso, entenderemos esses três níveis e suas composições básicas a seguir.

Consciente:

- Raciocínio
- Motivação para agir
- Memória de curto prazo
- Análise de decisões

Subconsciente:

- Memória de longo prazo
- Emoções
- Instinto de autopreservação
- Hábitos
- Ociosidade

Inconsciente:

- Sistema nervoso autônomo
- Sistema imunológico

É provável que, ao ler as características que compõe cada área da mente, você tenha associado as fobias ao "instinto de autopreservação" em **subconsciente**. Afinal, a fobia é uma reação de medo, e nós já sabemos que ele serve para nossa proteção — quando em intensidade correta.

Nosso subconsciente acredita que qualquer ameaça precisa ser combatida para que continuemos vivos, mas, como você já percebeu, nem sempre as ameaças são bem interpretadas por nós, desencadeando uma série de reações.

Entender que o medo faz parte de um processo desenvolvido em nosso subconsciente nos ajuda a entender que, para vencer as fobias, é necessário acessá-lo. Como assim? Não basta simplesmente tentar esquecer ou negligenciar o medo. Fazer isso não o fará sumir. Ele continuará ali, porque não é consciente. Por isso, este livro o ajudará a entender algumas possíveis raízes de sua fobia e, principalmente, como enfrentá-las com coragem!

.4.

ENFRENTAMENTO POR MEIO DA TÉCNICA DA CORAGEM

Pensar em enfrentar nossos medos gera muita ansiedade e, talvez, até uma supervalorização desse medo. É comum que a pessoa desenvolva pensamentos como: *"Mas como conseguirei fazer isso?"*, *"Eu não sou capaz"*, *"Não consegui até hoje, como conseguirei agora?"* Mas a chave do enfrentamento do medo está na coragem, e neste capítulo, você entenderá como desenvolvê-la.

A coragem muitas vezes é vista como uma característica de pessoas confiantes, valentes, independentes e com boa autoestima. Mas será que elas sempre foram assim? É provável que não. A coragem é uma qualidade de conquista, ou seja, quanto maior é o empenho de quem se esforça para desenvolvê-la, melhor é o resultado.

Por isso, desenvolvi um acróstico[*] que o ajudará a se tornar corajoso. Daremos vida a cada uma das letras da palavra *coragem* de uma forma que você nunca viu, para obter a força que nem sequer sabia que existia dentro de você e aprender a lidar com suas fobias.

---

[*] Nota do Editor: composição poética em que as letras iniciais, médias ou finais dos versos formam nomes quando lidas na vertical.

Em meus atendimentos, sempre procuro deixar claro que o tratamento é um processo de parceria. Da mesma forma que me empenho para ajudá-los, a iniciativa de melhorar também precisa partir dos pacientes. E agora, de **você**.

> *"Se eu me questionar para que veio o medo e tiver coragem e a audácia de ir em frente, vou me descobrindo e me fortalecendo."*
>
> – **Dolores Macioski**

A Metáfora do Elefante

Li recentemente uma metáfora de um autor desconhecido, e antes de você conhecer o acróstico da coragem, quero que reflita sobre ela. À medida que ler, tente imaginar a cena.

Você já observou elefante no circo? Durante o espetáculo, o enorme animal faz demonstrações de força descomunal. Mas antes de entrar em cena, permanece preso, quieto, contido somente por uma corrente que aprisiona uma de suas patas a uma pequena estaca cravada no solo. A estaca é só um pequeno pedaço de madeira. E ainda que a corrente fosse grossa, parece óbvio que ele seja capaz de derrubar uma árvore com sua própria força, e poderia facilmente fugir depois de arrancá-la do solo.

Que mistério! Por que o elefante não foge?

Há alguns anos, descobri que (por sorte, alguém havia sido bastante sábio para encontrar a resposta) **o elefante de circo não escapa porque foi preso à estaca ainda muito pequeno.** Fechei os olhos e imaginei o pequeno recém-nascido preso, e por um momento, o elefantinho puxou, forçou, tentando se soltar. E apesar de todo o esforço, não pôde sair. A estaca era muito pesada para ele. E o elefantinho tentava, tentava, e nada. Até que um dia, cansado, aceitou o seu destino: ficar amarrado na estaca, balançando o corpo de lá para cá, eternamente, esperando a hora de entrar no espetáculo.

Então, aquele elefante enorme não se solta porque **acredita que não pode**. Para que ele consiga quebrar os grilhões, é necessário que ocorra algo fora do comum, como um incêndio, por exemplo. O medo do fogo faria com que o elefante, em desespero, quebrasse a corrente e fugisse.

A partir dessa metáfora, você se pergunta: "O meu medo é resultado de alguma situação que não fui capaz de resolver no passado?", "Ou talvez na infância?" Assim como um elefantinho acorrentado desde tão pequeno, você pode estar preso ao seu medo de forma tão forte, que se considera incapaz de se libertar dele. Mas por meio do autoconhecimento, você conseguirá perceber a proporção da sua força, e isso mostrará uma verdade que sempre esteve ali, mas talvez nunca tivesse ficado clara: você é muito maior do que seus medos!

Com esse pensamento em mente, aprenda como cada letra da palavra *coragem* pode aproximá-lo mais de seu objetivo de enfrentamento de suas fobias com a força que você tem!

C — Confiança em Si

Confiar em si é um processo que se inicia na autoestima. Você já parou para pensar o que é a autoestima?

A autoestima é a junção de **autoefetividade** com **autoconsciência**. Ou seja, ela está relacionada ao quanto a pessoa se sente efetiva, capaz de executar determinadas ações e como ela se vê, alguém forte e com imagem pessoal positiva.

Uma boa autoestima repercute em paz e harmonia consigo mesmo, deixando de competir e de se comparar constantemente com os outros. Também não há necessidade de se superestimar, nem subestimar os outros, sendo consciente de seus limites e suas capacidades.[1]

Mas para que a autoestima seja boa, resultando em confiança em si, é fundamental que a pessoa conheça a si mesmo. Afinal, você confia no desconhecido?

É por meio do processo de autoconhecimento que você se torna capaz de estimar a si mesmo, ou seja, desenvolver uma relação de apreciação em relação a quem você é, reforçando sua autoimagem.

Qual é sua autoimagem? Quando pensa em si mesmo, o que vem a sua mente?

A resposta a essas questões revela como está sua autoestima. Se a imagem que vem a sua mente reforça seus defeitos e não suas qualidades, é necessário ligar um alerta: você precisa trabalhar sua autoestima por meio do autoconhecimento. Mas como?

Além de psicóloga, sou administradora. Pensar dessa forma me faz adaptar ferramentas à realidade, nas quais precisam ser enquadradas. Foi assim que comecei a usar um fragmento da Análise SWOT (em português, FOFA: Forças, Oportunidades, Fraquezas e Ameaças) para ajudar na melhoria da autoestima de meus pacientes por meio do autoconhecimento.

Essa análise tem o objetivo de levantar os pontos principais de uma empresa, como um panorama e um resultado, e verificar se é possível tomar melhores decisões com uma visão estratégica.

Kotler dizia que, depois da Análise SWOT, a empresa se tornava capaz de definir metas e de se planejar melhor.[2] Da mesma forma, após usarmos essa ferramenta para nós mesmos, conseguimos nos conhecer e visualizar as melhores formas de desenvolvermos nossa autoconfiança.

Para nosso exercício, proponho que nos concentremos somente em dois quadros dessa análise: as forças e as fraquezas. Então, responda:

Quais são minhas forças?

(Ou seja, quais são as qualidades que tenho dentro de mim?)

_____

_____

_____

_____

Quais são minhas fraquezas?

(Ou seja, o que preciso melhorar?)

_____

_____

_____

_____

É muito comum as pessoas não conseguirem observar quais qualidades têm. É por isso que um exercício simples como esse o ajuda a validar seus pontos fortes, o qual impacta diretamente a imagem que você tem de si mesmo.

Agora, olhe para suas forças. Concentre-se nisso. Consegue perceber quantas qualidades incríveis você tem?

É comum olhar para o que falta. Erroneamente, é lá que muitos colocam o foco. Sempre nos defeitos que têm, no que poderiam ser, no que o outro é. Mas esse foco excessivo nas fraquezas apenas faz com que elas tenham cada vez mais evidência.

Por isso, foque em suas forças. Ao fazer isso, suas fraquezas não sumirão, mas serão trabalhadas. E o resultado? Um ciclo que o deixará mais corajoso.

Autoimagem > Autoestima > Autoconfiança = Coragem

Quando compreendemos esse ciclo, notamos a interdependência dos fatores. Se sua autoimagem não é positiva, todo o reflexo da cadeia também não será. E no final, de onde virá sua coragem?

É por isso que o último fator antes da coragem, nesse ciclo, é a autoconfiança. Mas não basta apenas acreditar em si, é necessário ter confiança absoluta em sua própria capacidade.

Entre os livros que recomendo está *O Medo é uma Masturbação Mental*, de Giulio Cesare Giacobbe, pelo qual tenho apreço especial. Nesse livro, o autor expressa opinião similar à minha. Para ele, há três poderes que nos tornam adultos: autoestima, independência emocional e a alegria de viver.[3]

Para mim, esses três poderes são fundamentais para quem deseja enfrentar seus medos com coragem, afinal, enfrentar o medo é uma característica que necessita de amadurecimento. É por isso que na letra O de nosso acróstico, precisamos aprender a ser independentes, tal como um verdadeiro adulto é.

Confiança em Si para Mudar!

Desde os primórdios, o ser humano aprendeu a se deslocar para atender às necessidades básicas de sobrevivência. Com essa característica, as mudanças ocorriam de forma natural, afinal, mudar era obrigatório para continuar vivendo. Assim, ela acontecia de forma natural!

Com o tempo, os indivíduos procuravam se estabelecer em outros lugares de acordo com seus interesses, e começaram a criar raízes individuais e coletivas, dificultando seu afastamento na busca de novos horizontes. Assim, surgiram as civilizações e todos os pontos positivos e negativos que elas podem proporcionar.

Até hoje, com raízes firmes em "sua terra", muitas pessoas preferem se manter estáticos e imóveis. Parece um pensamento protetor e racional, mas é completamente limitador.

Essas pessoas estáticas e imóveis são avessas a mudanças, e isso é um grande perigo. Afinal, mesmo que a mudança física não seja mais um pré-requisito para nossa sobrevivência, ela é fundamental para nossa evolução!

Pessoas que são rígidas ao ponto de não aceitarem mudanças que as beneficiam estão retardando o processo de amadurecimento. Mudar é parte do processo de confiança, é saber que é capaz de enfrentar desafios e superá-los. Por isso, se perceber que está sendo resistente a mudanças, é preciso procurar ajuda. Não permita que a vida passe por você. É você que precisa se movimentar e passar por ela, mudando, crescendo, evoluindo e confiando que é capaz de alcançar seus objetivos.

O — Obter a Independência Emocional

Ser independente é uma virtude que precisa ser conquistada por todos. Mas acima de qualquer autonomia que possamos desenvolver, encontra-se a independência **emocional**, pois é ela que nos tornará aptos a entender que somos responsáveis por desenvolver nossa coragem, não o outro.

Quando conseguimos visualizar nossos pontos fortes — como no exercício que fizemos antes —, geramos autoconfiança, pois fortalecemos nossa autonomia pessoal, desvinculando-nos da necessidade de depender do outro.

Encontra-se aí a necessidade de entender a origem da dependência e por que ser independente emocionalmente é uma conquista que exige esforço, sobretudo para quem enfrenta uma fobia. Afinal, a dependência nasce conosco. Como bebês, e como crianças, somos completamente vulneráveis e, portanto, dependentes de quem pode nos defender: nossos pais e familiares.

A questão é que crescemos, mas muitas vezes, depois que nos tornamos adultos, nossa criança ainda nos habita. O medo infantil ainda está ali, mesmo depois que a razão de seu despertar tenha sumido. De forma simples, a fobia tem raízes em uma relação de proteção, que foi necessária em algum momento do passado, mas hoje não é mais. Então, há um deslocamento dessa reação de medo para algum objeto, situação ou ser que se expressa como uma fobia.

Desta forma, é necessário "abraçar" essa criança que ainda se sente negligenciada, escutá-la entendendo sua dor, e depois negociar uma nova promessa que a liberte. Assim, torna-se possível obter a independência emocional.

Podemos observar esse deslocamento de forma prática analisando uma questão que é muito comum quando uma pessoa começa o tratamento de sua fobia. Em dada sessão, é provável que o paciente pergunte se pode levar seu parceiro para que ele entenda o tratamento e possa apoiá-lo. Como vimos em sistemas familiares, o apoio do meio é relevante, mas o fator principal é **a reação da pessoa ao meio**, não o contrário. Por isso, quando a pessoa impõe a necessidade de uma companhia que entenda o seu processo, ela está transferindo para seu parceiro a dependência que tinha em ser compreendida e protegida pelos pais quando criança. A questão é: se para enfrentar o medo com coragem você precisa se tornar independente, não seria uma cilada acreditar que é necessário que o outro esteja ali?

Ou seja, se você tem uma fobia, precisa enfrentá-la. Não deposite no outro a responsabilidade que cabe a você.

A análise da infância, para Freud, sempre foi um ponto crucial para o entendimento dos sintomas. Não apenas as situações da infância descritas pelos pacientes, mas principalmente a infância esquecida,[4] pois nela pode se esconder a origem de muitos medos, inclusive os que se transformam em trampolim para o desenvolvimento de uma fobia específica.

Enquanto as memórias da infância estão presas a um tempo no passado, o infantil pode ainda estar presente em nós. Freud destaca que o infantil é atemporal,[5] ou seja, enquanto a infância envolve um conjunto de memórias, traumas e sentimentos, que estão presos no passado, o infantil está no presente, pois não se desfaz, ele permanece dentro do adulto.

Quando entendemos que o infantil ainda pode habitar em nós, se torna muito mais fácil compreender por que a dependência emocional ainda é algo vívido e presente. Afinal, a criança que ainda não superou um trauma reclama toda vez que o adulto tenta enfrentá-la, sobretudo de forma independente.

Embora a criança esteja ali, reclamando sua atenção, dependente e com a sensação de ser menos amada do que o outro (um irmão, por exemplo), o adulto procura mostrar-se responsável. Daí surge um perfil frequente em pessoas com fobia: excesso de autocobrança, necessidade de controle e outras caraterísticas. Esses sentimentos e essas necessidades são desenvolvidos em consequência da batalha entre criança e adulto que ainda não chegaram a um estado de paz.

O nome comumente atribuído a essa guerra é **neurose infantil**.

A neurose está relacionada à não correspondência da realidade. Ou seja, embora adulto, se alguém tem medos imaginários, ele está vivendo uma neurose infantil. Afinal, são as crianças que desenvolvem medos imaginários, não é mesmo?

Mais uma vez, Giacobbe pode contribuir em nosso entendimento. Para ele, a neurose infantil está associada à dependência dos pais ou responsáveis e não é simplesmente resolvida quando o adulto sai de casa, afinal, em alguns casos, o adulto apenas muda o direcionamento da dependência para seu marido ou sua esposa.

Assim, se mesmo na idade adulta a pessoa tem medos imaginários, que não consegue administrar, sua origem está na criança dependente que ela ainda carrega consigo. Então, como resolver essa situação?

No caso do bicho-papão, por exemplo, é necessário que a criança se desenvolva e consiga identificar, a partir de suas próprias experiências, que o medo que ela sentia não era necessário. Ela precisará, por si só, entender que não há razões para se esconder debaixo da cama ou dentro do guarda-roupas por um simples fator: aquilo não é real.

Da mesma forma, se mesmo após se tornar adulto a pessoa ainda carrega medos imaginários, é provável, mesmo que de forma subconsciente, que o infantil ainda a esteja controlando. É preciso reconhecer esse medo, entender que ele não é necessário e decidir, por si só — sem depender de alguém que lhe prove aquilo —, que a fobia não pode dominá-lo.

Mas e se meu medo, minha fobia for completamente real?

Lembra-se da criança que acreditava no bicho-papão debaixo da cama? Aquele medo tinha fortes motivos para ela, era completamente real. Uma criança com medo nunca acreditará que seu objeto de medo é apenas fruto de sua imaginação.

Aquela criança que se escondia de seus medos pode tornar-se um adulto corajoso, se entender que o bicho-papão não é real. Da mesma forma, após se desenvolver e ser mais forte que sua fobia, você conseguirá olhar para o objeto, a situação ou o ser que lhe causa medo e enfim perceber que não precisava temê-lo.

Angústia: um Sentimento Deslocado para a Fobia.

O que é angústia?

Em poucas palavras, podemos entender a angústia como um sentimento de falta. Em algum momento, algo nos foi tirado ou negado, e isso pode gerar uma frustração momentânea e angústia, que insiste em se manter ali. Seja o afeto, o amor, uma pessoa, uma condição, perder algo nos deixa angustiados, mesmo que essa angústia não seja completamente consciente.

É por isso que para entender nossos medos, é preciso entrar em nossa caverna existencial e procurar por pistas que nos ajudem a rastrear a origem dessa angústia. O medo pode esconder muito mais do que imaginamos.

Há pessoas que sofrem por não apresentar respostas no momento que se sentiram desconfortáveis com a fala do outro, e existem aquelas que não conseguem expressar seus sentimentos. Outras são tão "encolhidas" em suas atitudes, que é mais viável sofrer quieto, e ainda existem aquelas que se sentiram abandonadas ou negligenciadas em algum momento da vida e não souberam lidar com essa sensação. Essas são situações que podem desencadear estados de **angústia**, pela dificuldade em enfrentar e superar episódios do cotidiano.

É por isso que, para quem tem fobia, o medo funciona como proteção contra a angústia, como um posto avançado que a previne, evitando sua chegada (Miller, 1987, p. 11).[6]

Vamos considerar alguns exemplos práticos para que tudo isso faça real sentido para você.

O primeiro caso é o de uma paciente que sofria com fobia de elevador. Bastava imaginar os números aumentando a cada andar para o medo dominá-la. Subir era seu maior medo.

Até que, cavando fundo seu medo em busca de suas origens, conseguimos entender a grande analogia que estava por trás da sua fobia. Inconscientemente, ela tinha medo de crescer. Durante sua infância, os pais a superprotegeram muito acreditando que estavam cuidando dela, mas isso acabou produzindo-lhe uma falta: a independência. Crescer não é fácil quando se é dependente e protegido.

Por isso, sem perceber, ver os números aumentarem enquanto um elevador subia o remetia ao crescimento, que lhe causava medo. O receio da queda era o receio da independência. Ela tinha fobia de elevador, e precisamos trabalhar esse objeto de medo, mas em conjunto a isso, foi necessário que ela entendesse que obter independência é liberdade, e não queda.

Outro caso que posso citar é o de outra paciente que tinha medo de altura. Essa paciente amava jogar tênis e sempre tinha ótimo desempenho nas quadras. Mesmo sendo uma jogadora habilidosa, seus maiores erros estavam em jogadas que envolviam o voleio (movimento de rebater a bola). Por que isso acontecia? Inconscientemente, aquele movimento assemelhava-se ao movimento de abraçar ou envolver outra pessoa. Com dificuldade em expressar seus sentimentos, ela evitava aquela ação! Ou seja, um sentimento de angústia deslocada para o medo de altura, como se abraçar, abrir-se, expressar-se fosse torná-la vulnerável e propensa a cair.

E um terceiro caso, mas comum entre meus pacientes, é a fobia de dirigir. Muitos relatam que a responsabilidade de conduzir um veículo os deixa com muito medo, pois envolve não só ter cuidado com a própria vida, mas também com a vida das pessoas que os cercam. É verdade que todos nós, ao começarmos a dirigir, sentimos o peso dessa responsabilidade e temos um receio comum por estarmos diante de algo novo. Mas se essa sensação é paralisante e impeditiva, existe algo errado!

Quando pensa em alguém dirigindo, o que vem a sua mente? Qual a principal vantagem de poder dirigir? Exatamente essa que você pensou: **liberdade**. Poder ir ao lugar que desejar, quando quiser, escutando as músicas de que gosta. Isso parece maravilhoso, não é? Mas a liberdade pode causar medo por causa do sentimento de angústia deslocado.

Sentir-se abandonado, sozinho ou desamparado são medos comuns na infância que podem ter sido intensos e, por isso, geradores de angústia. Assim, mesmo depois de adultos, meus pacientes não se sentem capazes de dirigir, porque essa liberdade traz à tona o sentimento de abandono, de precisar agir por si só, ser responsável por suas decisões.

Poderia citar muitos outros exemplos de angústia deslocada, porque é uma situação muito frequente entre quem sofre de alguma fobia. Mas creio que você já conseguiu entender o ponto principal: para ser livre do medo é preciso ser independente, até mesmo das angústias que o prenderam a uma crença equivocada.

R — Respirar e Relaxar

Agora que você entende a importância de confiar em si e ser independente, chegamos ao R de nosso acróstico de coragem. Neste ponto, analisaremos de forma prática como a respiração pode tirá-lo do estado de ansiedade para o estado de relaxamento.

Peveler e Johnston (1976) averiguaram que o relaxamento aumenta o acesso de informações positivas na memória, fazendo com que seja mais fácil encontrar alternativas aos pensamentos associados ao perigo.[7]

Há diversas técnicas de controle de respiração e relaxamento, no entanto, o foco se dará na respiração diafragmática (abdominal) e no relaxamento muscular progressivo, que há muito vem sendo usado para o tratamento dos transtornos de ansiedade e no manejo de estresse.

Os exercícios da respiração diafragmática e do relaxamento muscular progressivo foram adaptados à minha maneira.

Respiração Diafragmática

Temos uma tendência a respirar de forma curta e rápida, ocorrendo o que chamamos de hiperventilação, geralmente em resposta a uma situação de ansiedade, estresse ou pânico. Na hiperventilação, os pulmões eliminam dióxido de carbono rapidamente do sangue. Isso acontece em função de a pessoa exalar mais do que inalar, podendo provocar a maior parte dos sintomas físicos da ansiedade e do estresse, como sudorese, taquicardia, vertigem, entre outros.

Com a respiração diafragmática, é possível limitar o oxigênio que será absorvido, produzindo mais dióxido de carbono e reduzindo o batimento cardíaco. Essa respiração ocorre de forma natural, basta perceber a parte do corpo que mais se movimenta nos bebês no momento da respiração, a barriga (onde fica o diafragma), e não o tórax (o peito).

Exercício

Agora realizaremos um exercício de respiração. Antes de começarmos, sente-se em uma posição confortável e com o corpo relaxado. Experimentaremos a respiração diafragmática. Neste caso, a barriga se expande quando o ar entra e comprime-se quando o ar sai; o peito quase não se movimenta. Na inspiração, o músculo é contraído, e na expiração, o músculo é relaxado.

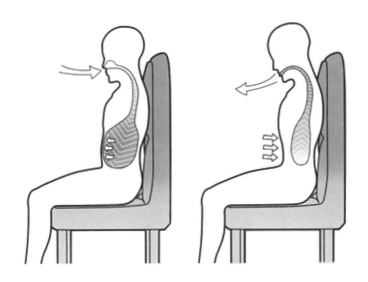

Posicione uma de suas mãos sobre o abdômen e a outra sobre o tórax. Inspire lenta e profundamente pelo nariz contando mentalmente até três. Prenda a respiração por três segundos. Exale lentamente o ar pela boca, contando mentalmente até seis. Enfatize a exalação com um "aaaah"

longo com a boca aberta e relaxada. Deixe a tensão fluir para fora de seu corpo a **cada** expiração.

Novamente. Enquanto inala o ar, lembre-se de que está entrando em você a paz, a segurança e a proteção. Ao exalar, estão saindo da sua mente e do coração os medos, as inseguranças, a ansiedade e tudo que o preocupa.

Relaxamento Muscular Progressivo

A técnica de relaxamento muscular progressivo é empregada para induzir o relaxamento neuromuscular. A tensão muscular é um dos principais componentes da ansiedade, e ela ocorre de maneira automática e involuntária.

Essa técnica favorece o controle da musculatura voluntária para obter um estado de relaxamento, permitindo tensionar e logo relaxar os principais grupos musculares do corpo, um de cada vez.

Quando alternamos a ação de tensionar com a de relaxar, os sujeitos aprendem a discriminar entre esses dois estados e adquirem uma maior consciência das partes do corpo que estão tensas.

Exercício

Agora, realizaremos um exercício que permite relaxar completamente os músculos de seu corpo. Antes de começarmos, coloque-se em uma posição bem confortável e respire profunda e calmamente por alguns instantes. Estenda os braços sobre os joelhos e mantenha as pernas ligeiramente afastadas. Lembre-se de que essa técnica o ajudará a relaxar e a manter a calma quando estiver diante de situações adversas. Perceba a diferença em seu corpo ao estar tenso e depois, relaxado.

Agora, estique cada grupo muscular. Conforme as orientações, manteremos a tensão por cerca de dez segundos antes de soltar, dando um descanso de vinte segundos entre cada grupo muscular. Vamos começar.

Mantenha o corpo relaxado. Concentre a atenção nos músculos dos braços e das mãos. Feche, de maneira mais ou menos tensionada, sua mão direita. Dobre o braço em direção ao ombro, mantendo os dedos voltados em direção ao corpo. Contraia... contraia bem forte por dez segundos.

Feche, de maneira mais ou menos tensionada, sua mão esquerda. Dobre o braço em direção ao ombro, mantendo seus dedos voltados em direção ao corpo. Contraia... contraia bem forte por dez segundos. Sinta a tensão nos músculos do braço e solte, voltando a mão à posição original de repouso, relaxado. Mantenha o resto de todo corpo solto e descontraído. Isso! Muito bem!

Agora, focalize sua atenção em sua perna e pé direitos. Procure manter todo o corpo relaxado. Então, levante a perna direita do chão de modo que fique totalmente estendida para fora. Incline os dedos dos pés em sua direção e contraia o máximo possível a perna toda. Perceba a contração no pé, na panturrilha, no joelho e na coxa. Contraia... contraia por dez segundos e relaxe gradualmente, baixando a perna e dobrando o joelho ligeiramente, de modo a pousar o pé reto no chão.

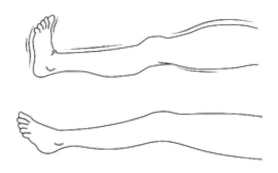

Levante a perna e o pé esquerdos do chão, de modo que fiquem totalmente estendidos para fora, incline os dedos dos pés em sua direção e contraia o máximo possível toda a perna. Perceba a contração no pé, na panturrilha, no joelho e na coxa. Contraia... contraia por dez segundos e relaxe gradualmente, baixando a perna e dobrando o joelho ligeiramente, de modo a pousar o pé reto no chão.

Agora, volte sua atenção para os músculos de ambas as pernas e pés. Contraia... contraia por dez segundos e solte, solte completamente. Relaxe totalmente os músculos das pernas e pés. Perceba a diferença de quando esses músculos estavam tensos e contraídos para agora, que estão cada vez mais soltos e relaxados.

Neste momento, observe sua respiração. Contraia o tórax, respirando fundo. Segure o ar, conte até três, expire e solte.

Contraia a barriga até afundar os músculos em direção à coluna. Contraia... contraia por dez segundos e solte lentamente.

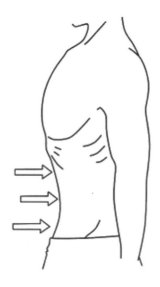

Você pode perceber uma sensação cada vez maior de calma, tranquilidade, enquanto volta sua atenção, progressivamente, para a região dos ombros, mantendo todo o corpo relaxado. Force os ombros em direção às orelhas, respirando tranquilamente, e perceba toda a tensão dos ombros por dez segundos. Solte, solte completamente, liberando toda a tensão, toda a ansiedade que estava retida nesses músculos. Relaxe, relaxe a musculatura dos ombros. Muito bom!

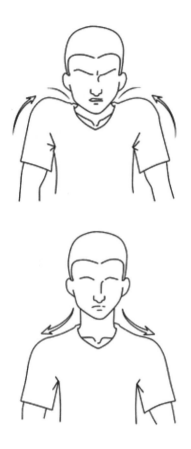

Vamos passar agora para os músculos do rosto. Concentre sua atenção no rosto. Franza a testa como se estivesse preocupado. Mantenha essa posição por cerca de dez segundos. Perceba a tensão que se forma em sua testa. Relaxe, solte completamente a testa e repare como é a sensação à medida que os músculos vão ficando cada vez mais relaxados.

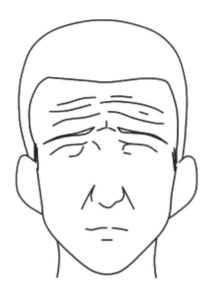

Agora, faça um grande sorriso forçado. Estique todos os músculos das maçãs do rosto, puxando os cantos da boca para trás. Insista, com força, por dez segundos. Agora, descontraia os músculos. Perceba toda a extensão do seu corpo relaxada e mantenha-se respirando tranquilamente.

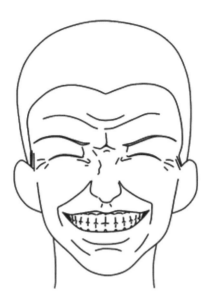

Todos os músculos do corpo estão descontraídos, soltos, suaves. Sinta seu corpo relaxado e tranquilo. Tudo em si é descontração. Deixe-se levar pelo sentimento de bem-estar, cada vez mais profundo, que invade todo o seu ser.

A — Aceite seus Sintomas Físicos

Sim, você precisa aceitar seus sintomas físicos. E, para isso, precisa entender que eles são normais. O primeiro passo para que consiga enfrentar o medo com coragem é a *aceitação*.

> *Se seu coração acelera antes do seu casamento.*
> *Se você sente palpitação antes de uma viagem.*
> *Se suas mãos suam quando vê um cachorro vindo em sua direção.*

Esses sintomas são normais. Estranho seria **não** sentir nada disso.

Quando você enfrenta algum medo, sentir todos os efeitos da ansiedade é um processo natural que seu corpo não deixará de fazer. Por isso, é melhor se acostumar.

Diante de um ataque desencadeado por um objeto, uma situação ou um ser que desperte uma fobia, você enfrentará todo aquele processo que entendeu no capítulo sobre o medo. A partir disso, você tem duas opções:

1. Entender que esses sintomas são normais e passarão até que eles, efetivamente, despeçam-se de você.

2. Se preocupar intensamente com esses sintomas e fazer com que se tornem cada vez mais intensos.

Qual opção parece mais sensata? Se quer retomar o controle da situação, obviamente escolherá a primeira opção. Você precisa entender que, sempre que dá ênfase a um sintoma, ele se potencializa.

Ansiedade -> sintomas físicos -> ansiedade -> sintomas físicos

A ansiedade gera sintomas que você já conhece muito bem. Por sua vez, esses sintomas físicos podem gerar ainda mais ansiedade, que se reverterá em mais sintomas (ou sintomas ainda mais fortes). Por isso, é necessário quebrar esse cenário.

Ansiedade -> sintomas físicos -> ~~ansiedade~~ ~~-> sintomas físicos~~

Ao sentir sintomas físicos, você precisa aceitar que eles passarão. Afinal, por mais fortes que pareçam, eles não o matarão. É preciso entender isso. Mas como? Respire e relaxe como aprendeu no tópico anterior e diga para você mesmo, se necessário, em voz alta:

Esses sintomas são normais.

Eu ficarei bem.

Eu aceito.

É verdade, você ficará bem. As pessoas não morrem por terem ataques de pânico. Mas quanto mais demorar para aceitar seus sintomas, mais prolongado será esse momento. Por isso, aceite o quanto antes.

Depois de aceitar os sintomas físicos, você precisa aprender a gerenciar seus pensamentos, sobretudo os automáticos, que armam ciladas para você. É exatamente isso que aprenderemos no próximo tópico.

G — Gerenciar os Pensamentos Negativos

No capítulo em que você aprendeu sobre a fisiologia do medo, abordamos os pensamentos automáticos e o poder que podem ter sobre você — *se você permitir.*

Agora, preciso que aprenda a controlar esses pensamentos, por mais fortes que pareçam ser no momento em que surgem. Você é capaz de fazer isso, e descobrirá como neste tópico.

Primeiramente, você precisa trazer o pensamento para o racional. Lembra-se do córtex pré-frontal? Você precisa colocá-lo no comando da situação, analisando esses pensamentos distorcidos para conseguir substituí-los. Mas como fazer isso?

Antes de qualquer coisa, você precisa *parar.*

Parar e analisar se os pensamentos são negativos e se estão aumentando seu quadro de ansiedade. Pense comigo: se você tem fobia de avião e está entrando em um avião, que tipos de pensamentos poderiam ser considerados automáticos ou distorcidos?

Estar aqui não é seguro.

Esse avião cairá.

Existem tantos casos de acidentes aéreos!

Foi um erro vir.

Pare.

Analise esses pensamentos: eles lhe trazem ainda mais dor? Se a resposta for positiva, eles precisam ser substituídos o quanto antes. Não espere que ganhem força, controle-os antes que possam controlá-lo.

Uma técnica simples e muito eficaz para substituir esses pensamentos negativos é conhecida como técnica do lugar seguro, difundida por Sofia Bauer.[8] Como o nome sugere, essa técnica se baseia na ideia de que, ao enfrentar uma situação de ansiedade ou angústia, você precisa retirar sua mente desse estado de inquietação e levá-la a um lugar seguro, que lhe permita ficar tranquilo e relaxado.

De forma prática, retomemos o exemplo do avião. Se você teve aqueles pensamentos repletos de negativismo, pode substituí-los por pensamentos seguros, de um lugar real ou imaginário. Ou seja, ao enfrentar os pensamentos negativos, você deve:

1. Parar

Experimente usar alguma técnica de respiração, se necessário.

2. Trazer os pensamentos para o racional.

Esses pensamentos são negativos?

3. Transportar sua mente para um lugar seguro

Lembre-se de onde você costumava brincar em sua infância, de uma viagem que gostou de ter feito, ou até mesmo, use a imaginação para desenhar seu lugar seguro.

Esses três passos simples têm o poder de colocá-lo de volta no comando de sua mente e, consequentemente, das suas emoções e sintomas — até mesmo dos físicos.

Outra técnica interessante que costumo "receitar" aos meus pacientes é a técnica do elástico. Normalmente, recomendo que eles andem com um elástico comum no pulso, principalmente quando sabem que vivenciarão alguma experiência que lhes causem medo. Desta forma, ao se deparar com o objeto, ser ou situação que desperte a fobia, basta puxar o elástico. Para quê?

O estalar do elástico na pele não tem o objetivo de causar dor, mas, sim, de agir como um lembrete de que é preciso retomar o controle da situação. Esse "susto" físico desviará sua atenção dos pensamentos negativos e lhe dará a oportunidade de trazer a situação para o racional. Simples e eficaz.

É claro que existem muitas outras técnicas específicas para cada fobia, como é o caso da técnica do saquinho do avião, uma tarefa que eu dou aos meus pacientes que tem aerofobia.

Como as outras que citei nesse tópico, essa tarefa também é bem simples. Consiste em escrever os pensamentos negativos no saquinho de vômito que sempre acompanha as poltronas do avião. E depois? Você joga fora depois da sessão, exatamente como deve fazer com os pensamentos negativos que se acumulam em sua mente.

O ato de jogar fora, descartando como lixo aqueles pensamentos negativos, é uma mensagem física de que você pode se livrar deles.

Busque mudar o foco observando como é o ambiente ao seu redor. Procure visualizar objetos e suas características, como cores, formas, tamanho. Após essa análise, selecione o objeto que mais chamou sua atenção e explore-o em cada detalhe. Caso sua atenção vá para outro lugar, deve se lembrar de trazê-la de volta. Essa técnica ajuda a desviar a atenção no momento que sentir medo.

Evitar pensamentos negativos também pode ser obtido por meio da gratidão. Quando exercitamos esse poder, conseguimos pensar mais no que temos do que no que podíamos ter ou já tivemos. Ser gratos nos deixa mais felizes e induz bem-estar, ao contrário do que acontece com os pensamentos negativos.

Não sabemos se amanhã teremos as mesmas condições de hoje, sejam elas uma casa para morar, pessoas que amamos ou a capacidade de praticar algum esporte que nos faz bem, por isso, é necessário agradecer hoje. Uma forma de tornar a gratidão parte de seu dia a dia é criar um diário de gratidão, no qual, diariamente, você anotará aquilo pelo que é grato, seja um grande motivo ou algo simples em sua rotina que o faz sorrir. Ter esse sentimento de gratidão registrado e sempre trazê-los à mente quando os pensamentos negativos surgirem é uma ótima chance de se livrar deles.

Isso faz com que eu me recorde de um livro clássico, chamado *Pollyanna*, de Eleanor H. Porter. Você conhece? Nesse livro, a protagonista passa por inúmeras situações que abalariam qualquer criança, mas ela prefere ver o lado positivo e deixá-lo se sobressair. É assim que Pollyanna leva a vida e supera as adversidades.

Posso comentar inúmeras opções para gerenciar seus pensamentos negativos, mas, de todas elas, a forma mais genérica e eficaz envolve *parar, racionalizar* e *substituir*. Por isso, guarde essa sequência de ações e coloque-a em prática quando precisar controlar seus pensamentos negativos.

Seu cérebro trabalha com associações!

É fácil entender que nosso cérebro é uma poderosa máquina de fazer **conexões**. Só que, muitas vezes, sem as informações completas, as associações que ele faz não são benéficas para nós. Para você entender o quanto isso é real, lhe darei alguns exemplos.

Que animal vem a sua mente quando alguém fala sobre "o melhor amigo do homem"? Em que cor você pensa quando falo a palavra esperança? É provável que tenha pensando em um cachorro e na cor verde, não é mesmo? E tudo isso aconteceu de forma automática, sem que precisasse pensar, simplesmente porque seu cérebro teve informações que o levaram a crer que essas conexões são coerentes.

No entanto, nem todas conexões estão corretas, como no caso dos pensamentos negativos, como os que você viu recentemente neste tópico. Pensamentos negativos surgem rapidamente, e por isso, é preciso **parar, racionalizar e substituir**.

Fazendo isso, você ajudará seu cérebro a entender quais associações estão certas ou não, e isso fará você ter coragem para enfrentar suas fobias!

E — Elaborar uma Hierarquia de Enfrentamento

Você precisa entender em qual etapa ou nível está para se preparar para enfrentar o medo. Afinal, mesmo pessoas com a mesma fobia apresentam diferentes graus.

Por exemplo, pode ser que dois pacientes que tenham fobia de animal, mesmo desenvolvendo medo específico de cachorros, estejam em níveis diferentes. Enquanto um desenvolve o estado fóbico somente por ver um cachorro do outro lado da rua, o outro pode caminhar tranquilamente ao ver um cachorro preso, mas entrar no mesmo estado fóbico se um cachorro estiver sem coleira.

Por isso, em um tratamento, é fundamental entender em qual etapa o paciente está, para, com base nisso, começar o processo de dessensibilização. Para conseguir identificar isso de forma simples, basta que o profissional faça uso de um questionário com perguntas específicas sobre a fobia que a pessoa tem.

A partir do momento que se consegue identificar o grau de fobia da pessoa, podemos iniciar o processo de dessensibilização sistemática criada por Wolpe. Neste processo, a pessoa se expõe, de forma gradativa, ao objeto, ao ser ou à situação que lhe causa medo. Essa exposição precisa ser gradativa para surtir o efeito esperado.

Para ilustrar, podemos pensar em jogos de videogame. Você conseguiria chegar à vitória sem ter passado por todas as fases? Logicamente, não. Da mesma forma, à medida que a pessoa é exposta ao seu medo de forma progressiva, ela se torna cada vez menos sensível, até que aquilo não lhe cause mais o medo que existia no princípio.

É um processo de habituação: fazer com que aquele objeto, situação ou ser torne-se tão habitual ao ponto de você compreender que aquilo não é um perigo real. É nesse ponto que a técnica da realidade virtual se mostra tão relevante.

Antes, o paciente só podia visualizar o objeto fóbico de duas formas: pela imaginação ou por sua presença física. Mas agora, com a técnica da realidade virtual, o paciente pode realmente ver o que lhe causa medo sem se expor fisicamente. Esse recurso é tão completo e interessante, que daremos mais informações sobre ele em outros capítulos.

Agora que você entende que cada pessoa tem seu próprio nível dentro do quadro de fobia e que é necessário que o enfrentamento seja desenvolvido de forma gradativa, lhe mostrarei como isso pode ocorrer na prática.

Imagine que você tenha fobia de agulha e sangue. Apenas o fato de pensar nisso já lhe causa um grande pavor. Se eu marcar um exame de sangue para você em nossa primeira sessão, você poderá desenvolver um processo de aversão. Por isso, o que eu sugiro?

1. Visualize a experiência de ir a um laboratório de análises clínicas.

2. Retire uma senha e aguarde até ser chamado no guichê de atendimento para realizar o cadastro. A atendente faz algumas perguntas, como: você toma alguma medicação contínua? Está em jejum?

Enfrentamento por meio da Técnica da Coragem 119

3. Após o cadastro, você se dirige a uma sala de espera, onde aguarda para ser chamado para realizar a coleta. Ao redor, é possível visualizar profissionais de jaleco branco circulando com ampolas de sangue.

4. O profissional da área de enfermagem, em um primeiro momento, chama um acompanhante para que você possa visualizar os procedimentos sendo realizados em uma outra pessoa, como retirar uma gota de sangue do dedo, depois uma extração fácil (extrai uma pequena quantidade de sangue) e difícil (extrai uma quantidade maior de sangue).

5. Após esses passos, o profissional de enfermagem o chama para se submeter aos mesmos procedimentos que envolvem agulha.

Note que essas fases são gradativas e variáveis de pessoa para pessoa. Pode ser que alguém que tenha fobia de agulha desperte esse medo apenas ao se submeter a um exame, então excluiríamos várias fases que citamos aqui. O objetivo é que o sujeito se torne menos sensível ao medo.

É por isso que durante o processo não é recomendado interromper a exposição do paciente ao seu objeto fóbico. Se parar o processo simplesmente porque o paciente está ansioso, ele nunca aprenderá a lidar com isso.

Para trabalhar a ansiedade, é preciso sentir a ansiedade.

Enfrentando Fobias de Forma Lúdica

Para enfrentar uma fobia, você precisa saber de uma coisa: trabalhar o lúdico é fundamental! Você aprendeu sobre a importância de elaborar uma hierarquia de enfrentamento, mas dentro dessa hierarquia, que tal incluir o uso de técnicas lúdicas?

Primeiro, precisa entender o que envolve trabalhar o lúdico: trata-se de inserir jogos, leveza, restaurar a memória afetiva e ferramentas que se assemelham a brincadeiras em um processo de aprendizagem. E não, o lúdico não é feito apenas para crianças.

Quando queremos ensinar uma criança a escrever, por exemplo, muitas vezes usamos massinha de modelar de várias cores e alguns moldes, não é mesmo? Esse processo de ensino pode ser muito mais eficaz do que simplesmente dar um papel e caneta e fazer a criança copiar algo já pronto. Por quê? Trabalhamos a experimentação e trazemos mais criatividade e leveza ao processo.

É muito mais fácil aprender se divertindo do que aprender por obrigação. Conforme crescemos, começamos a entender que aprender é uma necessidade e paramos de usar o lúdico... erroneamente.

No processo de aprendizagem do enfrentamento, o medo se torna mais suportável, pois desconstruímos conceitos, ou melhor, preconceitos e pré-medos! Para entender melhor, lhe darei um exemplo prático de exercício que faço no consultório com meus pacientes.

Vamos pensar em um paciente com aracnofobia. Em alguns casos, essas pessoas têm pesadelos, evitam qualquer ambiente natural e passam por outras aflições geradas por essa fobia. Para essas pessoas, dizer *"aranha"* ou ver a foto de uma pode gerar muito estresse. Mas o lúdico é capaz de suavizar isso! Muitas vezes, peço que meus pacientes brinquem com uma aranha de borracha e façam coisas inusitadas, como pintar suas unhas. É isso mesmo o que você leu: **pintar as unhas das aranhas de borracha.**

Por que eu peço isso? Para tornar a situação mais leve, trazendo características humanas a um ser que lhes causa medo: uma aranha vaidosa, que se preocupa com as unhas, atacaria alguém?

Além disso, brincar com a situação é uma forma de se aproximar do objeto, do ser ou da situação temida. Por isso, se você tem algum medo, experimente! Teste usar brinquedos que o aproximem do medo, ou desenhe. Depois, coloque um chapéu no seu medo. Uma bengala, uma maquiagem, um tênis, o que sua imaginação permitir. Quanto mais tranquilo for desenhar, ver, manusear e imaginar o que lhe causa medo, melhor está sendo seu enfrentamento!

M — Motivação e Alegria de Viver

As pessoas têm tanto medo da morte, que acabam não vivendo. Por isso, é fundamental entender a conexão da morte com os transtornos de ansiedade.

A morte é algo que todos nós, mais cedo ou mais tarde, teremos de enfrentar. Como é uma situação em que ninguém pode afirmar ou descrever o que se passa após o acontecimento, é motivo de preocupação e medo para muitas pessoas.

Mas como cada um responde a essa situação? Por que alguns têm mais medo do que outros? Será que o sujeito que apresenta algum transtorno de ansiedade tem mais medo da morte?

O Medo de Morrer e a Sociedade Moderna

A maior parte da sociedade apresenta medo da morte. Esse medo pode ter várias raízes diferentes, seja pela própria cessação da vida, medo de que um ente querido possa falecer, de não poder concretizar seus objetivos ou mesmo receio da separação.

Ter alguma ansiedade sobre a morte é uma parte normal da condição humana. No entanto, para algumas pessoas, esse medo pode ser persistente e intenso a ponto de afetar a saúde, o convívio, e muitas vezes impedindo-as de valorizar cada etapa da vida.

Quando o Medo de Morrer Deixa de Ser Algo Normal

Quando a morte ganha muito destaque, é preciso verificar sua conexão com os transtornos de ansiedade. Como exemplo, podemos mencionar um sujeito que sofre de transtorno obsessivo-compulsivo (TOC), que lava as mãos demasiadamente por temer contrair doenças. O mesmo ocorre quando o indivíduo demostra a necessidade de verificar, de forma repetitiva, se apagou todas as luzes e fechou as fechaduras de sua casa, na tentativa de evitar danos maiores, inclusive a morte.

As pessoas que têm síndrome do pânico apresentam a necessidade de validar frequentemente seus sintomas físicos com um especialista, por terem medo de morrer de um ataque cardíaco. O mesmo ocorre no caso das fobias específicas. Muitas vezes, o medo de viajar de avião, de entrar no elevador, de estar em uma altura elevada, de ter contato com sangue e animais pode estar vinculado ao medo de morrer. Outros podem apresentar ansiedade, medo intenso de contrair uma doença.

Lembrando que, no momento presente, estamos na mesma posição que um sujeito com alguma patologia que tem um tempo curto de vida, pois não sabemos quanto tempo nos resta. O fim é o mesmo para todos.

Razões que Levam ao Medo Exagerado da Morte

A maior parte desses indivíduos precisa ter a sensação de estar no controle das situações e pretende ter esse domínio diante da morte. Nossas emoções podem ser controladas por meio do que sentimos e pensamos, mas quanto ao controle do que acontecerá, é um sofrimento desnecessário.

Vale lembrar que, em outras culturas, a contextualização sobre a morte é vista como culto à vida, como no caso da cultura mexicana. Eles festejam o Dia dos Mortos com comidas, música, máscaras de caveiras e trajes típicos. As crianças estão familiarizadas com o tema, inclusive há desenhos animados explicando sobre esse dia.

As crianças em geral não apresentam medo da morte, e, sim, os adultos, que transformam essa questão em algo obscuro, podendo contribuir para o desenvolvimento de ansiedades.

Como Lidar com o Medo da Morte

Para lidar com esse medo, é importante desenvolver o senso de gratidão à vida, centralizar a mente no presente, usufruir de momentos com as pessoas que gosta, manter-se envolvido com pensamentos positivos, realizar atividades que lhe proporcionem prazer, trabalhar a espiritualidade e falar sobre a própria mortalidade.

Norma Van Rooy, pesquisadora deste tema, diz:

> *"Como a criança que nasce, não temos escolha a não ser nos entregarmos ao desconhecido."*

O fato de trazermos à luz esse assunto tem o objetivo de pensar e viver cada momento, desfrutá-los com mais atenção, cuidado e desapego. Para os budistas, cultivar um certo desapego é a condição essencial para uma "boa morte".

Você costuma esperar para usar suas melhores louças em um jantar especial? Deveríamos pensar que o jantar especial deveria ser todos os dias. Ou você espera a melhor ocasião para servir o vinho que mais aprecia? Será que teremos tempo para usufruir a bebida?

E você também tem sintomas de ansiedade? Está disposto a se expor de maneira gradativa a um processo que o ajudará a encontrar razões para sua vida e que o auxiliará a se libertar desse medo? Saiba que a ajuda psicológica pode ser um grande catalisador nesse processo.

Por isso, a melhor forma de fechar o acróstico da *coragem* é falar sobre motivação e alegria de viver. Que tal direcionar seu foco para a vida?

Quando você está motivado e sente alegria ao viver, desenvolver a coragem torna-se um processo muito mais alcançável. Isso ocorre porque a motivação é a força interior que habilita o ser humano e faz com que ele tenha potencial pessoal para o enfrentamento das dificuldades. Ou seja, **você** é responsável pela sua motivação.

Para encontrar essa força interior, costumo fazer um exercício com o objetivo de ajudar a descobrir o seu propósito de vida e, como resultado, sua motivação e alegria de viver.

Primeiro, liste suas habilidades e paixões. Com isso você já poderá ter uma boa noção de **quem você é de verdade**. Depois escreva o seu ideal e, na superação, tente descobrir de onde veio a motivação em todas as vezes que precisou superar uma dificuldade.

HABILIDADES	PAIXÃO
(O que você sabe fazer bem?)	*(O que você realmente gosta de fazer?)*
Exemplos: **Cozinhar, cuidar de crianças e se comunicar.**	**Exemplos:** Comer, ler, brincar com crianças.
IDEAL *(Qual sua missão de vida?)*	**SUPERAÇÃO** *(De onde vem sua força?)*
Exemplos: **Ajudar crianças a encontrar lares que as façam crescer com amor e apoio.**	**Exemplos:** Crescer em um ambiente desfavorável para uma criança.

Pense que Lívia se dá muito bem com o público infantil. Sempre que precisava cuidar de alguma criança, ela ficava triste por ter de se despedir dela. Assim, Lívia encontrou seu ideal e, como assistente social, ajudará muitas crianças, que às vezes não conseguem receber o amor que merecem. Mas de onde veio toda essa força de Lívia? Da superação de viver em um lar violento ou disfuncional.

Isso mostra que o desafio que você enfrentou não deve lhe causar mais medo, mas, sim, transformar-se em força. Pensando nisso, você conseguirá preencher seu próprio quadro.

Agora, leia de uma só vez tudo o que escreveu.

Finalmente você tem as respostas que o ajudarão a encontrar seu propósito de vida! Lembre-se de seu propósito sempre que enfrentar uma situação desafiadora, e sua coragem será cada vez mais forte, assim como você!

E para ajudá-lo nesse processo de desenvolvimento da coragem, a tecnologia pode contribuir.

Por isso, lhe darei informações muito interessantes sobre alguns dos métodos que costumo usar e que, felizmente, têm dado ótimos resultados.

E depois que você conhecer os benefícios que a tecnologia nos trouxe, mostrarei o quanto é necessário que ela seja empregada junto com a antiga e funcional exposição ao vivo. Afinal, a cura da fobia é um resultado do processo de enfrentamento, que, por sua vez, só é realizado por meio da exposição do paciente ao objeto fóbico.

.5.

REALIDADE VIRTUAL E AUMENTADA

Você acredita que a realidade virtual é uma inovação tecnológica da atualidade? Se sim, está muito enganado. A realidade virtual é explorada há um bom tempo, tanto que é difícil precisar sua origem exata.

Em 1838, o físico britânico Sir Charles Weatstonei criou o estereoscópio — óculos rudimentares com duas lentes feitas de espelhos com uma pequena angulação. Já nessa invenção, que hoje parece básica, criava-se a sensação de imersão por meio do aumento das imagens.

Depois de Charles, muitas outras invenções deram espaço para que a realidade virtual chegasse ao que é hoje. E há outras: o sensorama (de Morton Heilig, que se assemelhava a um fliperama, mas com imersão em sensações e aromas), o headsight (dos engenheiros da Philco; um projeto de reconhecimento de objetos que foi usado até por militares em treinamento), o Visually Coupled Airborne Systems Simulator (de Thomas Furness; uma interface visual para controle de aviões), e outras.

Foi na década de 1990 que a realidade virtual virou moda, saiu dos laboratórios e começou a ser vista ainda mais como uma oportunidade de investimento para o universo do entretenimento.

Atari, Nintendo e outras marcas relacionadas aos jogos começaram a desenvolver a realidade virtual como produto, e com o avanço da tecnologia, esses produtos ficaram cada vez mais eficientes, tornando o universo da realidade virtual muito mais desenvolvido, como é hoje, sobretudo, no campo da saúde mental.

Mas, no fim das contas, o que é a realidade virtual?

Podemos traduzir a realidade virtual como um recurso que proporciona a sensação de imersão. Ou seja, mesmo que não esteja no ambiente físico que a realidade virtual propõe, você sentirá as sensações de estar lá. É um processo de imersão, interação e envolvimento.

Além da realidade virtual, temos também a realidade aumentada. Não se engane, elas não são sinônimas, e finalmente você entenderá o porquê.

Enquanto a **realidade virtual** envolve a imersão completa em um ambiente virtual, a **realidade aumentada** propõe a inserção de um objeto virtual em um ambiente real. Como assim? Para facilitar, serei prática.

A realidade virtual ganhou destaque com a popularização dos óculos VR para a prática de jogos de videogame. Envolve, muitas vezes, o uso dos óculos com o auxílio de um smartphone que consiga ler a realidade virtual. Assim, foram desenvolvidos vários jogos de imersão por meio dela.

A realidade aumentada também tem seu lugar no entretenimento, como é o caso do jogo que caiu na popularidade: Pokémon Go. Nesse jogo, o jogador consegue visualizar o Pokémon em um ambiente físico, ou seja, uma projeção virtual em um ambiente real.

Mas e no campo da saúde mental, como a realidade virtual e a aumentada podem ser tão diferentes? Analisaremos um exemplo a seguir.

Um paciente com fobia de aranha pode se beneficiar da realidade virtual e aumentada, dependendo de seu nível de fobia — como já vimos anteriormente.

Por meio da **realidade virtual**, ele poderá usar óculos VR que o farão se sentir imerso em um ambiente completamente virtual. Com essa tecnologia, o paciente consegue ver algumas aranhas aparecendo bem na sua frente. Ao virar o rosto para um lado ou para o outro, o ambiente proporciona a sensação de imersão — como se ele *realmente* estivesse dentro do cenário com as aranhas. Se o paciente caminhar pelo consultório, a sensação se tornará ainda mais real, pois, para onde quer que olhe, o cenário acompanhará seus movimentos.

Por outro lado, o mesmo paciente pode se beneficiar da **realidade aumentada**. Nessa tecnologia, ele será exposto ao seu objeto fóbico por meio de uma projeção. Ou seja, suponhamos que o paciente esteja sentado em uma poltrona bem à frente do psicólogo que faz uso da realidade aumentada. Por meio da tecnologia, esse profissional conseguirá fazer a projeção de uma aranha caminhando pelo setting terapêutico. Note que o cenário é completamente real, e o virtual envolve apenas a projeção do animal. Essa projeção pode executar ações e ser alterada pelo profissional em tamanho, cores e outras opções, de acordo com o objeto projetado.

Ou seja, a realidade virtual é uma imersão, e a realidade aumentada é uma projeção. Sabendo disso, você pode se perguntar: "qual delas é melhor para o tratamento de fobias?"

A resposta não é tão simples, afinal, ambas as tecnologias podem ser usadas em conjunto, assim como outras técnicas que ainda veremos. Lembra-se de quando eu disse que cada paciente está em um nível diferente? Não podemos pular fases, por isso, assim como uma medicação precisa ser receitada com base na necessidade do paciente, essas tecnologias também precisam ser usadas sob medida.

Como a Realidade Virtual Engana o Cérebro

Sim, a realidade virtual e a aumentada são tecnologias desenvolvidas para enganar o cérebro. Mas não fique decepcionado, pois é para o seu bem.

Lembra-se do caminho do medo, que exploramos no capítulo *Conhecendo o medo*? O caminho para sua ativação é muito rápido, por isso o cérebro demora um pouco para perceber que aquele perigo não é real.

Como nosso instinto de autopreservação está em nosso subconsciente, como já vimos, nosso corpo age por impulso antes mesmo de raciocinar e analisar conscientemente qual é a melhor decisão.

Desta forma, uma aranha projetada oferece o mesmo risco para o cérebro que uma aranha real, caminhando entre os móveis do consultório e aproximando-se cada vez mais de você. A resposta do corpo é a mesma: ativação do mecanismo de fuga e luta e todo o ciclo da ansiedade que é despertado por um objeto fóbico. É por isso que digo que a realidade virtual engana o cérebro.

Surgem, assim, várias vantagens no uso da realidade virtual para o tratamento de fobias. Por isso, citarei somente algumas das que considero como principais:

- O terapeuta tem controle total da situação, sabendo o momento certo para enfatizar a cena ideal, por meio da manipulação: aumento da quantidade, tamanho, clima e outras intervenções.
- Traz um cenário pronto e realista para o paciente, sem que seja necessário usar sua imaginação, já que muitos têm dificuldade nisso.
- Possibilita maior aproximação das sensações, pois o psicólogo pode incluir objetos reais no processo, como o uso de jaleco e luvas em uma imersão para fobia de agulha, trazendo uma sensação multissensorial.
- Não há necessidade de deslocamento do paciente e do terapeuta para outros ambientes; pode ser realizada ali mesmo no consultório.
- É uma técnica não invasiva e segura, feita no ritmo do paciente.

É claro que os benefícios não param por aí. Mas o ponto é: o uso dessa tecnologia pode e deve ser explorado pelos profissionais da saúde mental. Ainda mais nos dias de hoje, em que essas tecnologias têm se tornado cada vez mais acessíveis.

Hoje temos muitas opções para quem quer aderir à realidade virtual, desde opções complexas e sofisticadas até variações simples e de baixo investimento que proporcionam resultados surpreendentes. Por exemplo, um terapeuta normalmente precisará adquirir ou alugar a licença de um software, ter óculos de realidade virtual compatível e um computador para usar essa tecnologia a seu favor.

A Realidade Virtual e Sua Potencialização

Quando citamos qualquer tratamento, é preciso entender que o resultado sempre será melhor se **associado a outras técnicas.** Nenhuma tecnologia ou técnica é tão onipotente que não possa ser associada a outra. E com a realidade virtual não seria diferente.

Quanto mais associações de técnicas e tecnologias forem feitas, maior a resposta positiva do paciente. Por isso, precisamos considerar opções a serem usadas em conjunto com a realidade virtual e a aumentada, como é o caso da respiração — para a qual já indiquei algumas técnicas.

Suponhamos que você tenha fobia de agulha. Analisando seu perfil e histórico, diagnosticaremos em qual fase se encontra. Com isso em mãos, podemos usar, pelo menos, três técnicas em uma mesma exposição. Confira:

Em uma consulta, seu psicólogo o recebe de jaleco. Isso já o remete ao ambiente hospitalar e prepara seu cérebro para o enfrentamento a seguir. Em dado momento da conversa, você usará a realidade virtual, colocando os óculos VR. No cenário em que essa imersão o coloca, você está em uma consulta, prestes a fazer uma coleta de sangue. Simultaneamente, por meio de fones de ouvido, você pode escutar a profissional de saúde colocando as luvas, bem como outros sons hospitalares. Nesse ponto, seu psicólogo, já de luvas, começa a introduzir sensações físicas: molha suavemente um algodão em álcool e passa pelo seu braço, exatamente onde, na realidade virtual, será colhido o sangue.

Você pode sentir o cheiro do álcool, ver e ouvir o ambiente hospitalar e, ainda por cima, sentir a luva tocando sua pele, bem como o algodão. Nesse ponto, é bem provável que seu cérebro já esteja muito enganado, desencadeando toda as reações de medo que você enfrenta diante do objeto temido.

Durante esse processo, percebendo os efeitos da ansiedade, o psicólogo pode introduzir nos óculos VR técnicas de respiração ou relaxamento. Você as aplica, diminuindo a tensão do medo que se instalou, até que, gradativamente, consiga continuar exposto à agulha sem ter efetivamente um ataque.

Os resultados do uso de técnicas combinadas são comprovados. Por exemplo, um estudo norte-americano tinha como objetivo fazer com que 23 indivíduos se aproximassem lentamente de uma aranha virtual. Os resultados foram impressionantes: 83% viram sua fobia diminuir significativamente, e alguns participantes descobriram que podiam se aproximar de uma tarântula na realidade com quase nenhuma ansiedade.[1]

A partir disso, você consegue entender como várias técnicas sincronizadas podem surtir um efeito bem maior do que o isolamento? Por isso, **nenhuma tecnologia ou técnica é melhor sozinha do que várias juntas na medida certa.**

É claro que a dessensibilização sistemática só é alcançada quando respeitamos as fases de cada paciente. Por isso, para começar a executar uma ação conjunta intensa, como a descrita antes, o paciente precisa ser preparado. Pode ser que em uma sessão ele apenas veja, por meio da realidade virtual, um hospital. Em outra, uma profissional de enfermagem. Talvez em outra, uma seringa e agulhas. Ou seja, a exposição precisa ser gradativa, até que o paciente fique insensível o suficiente para se expor de forma mais marcante ao objeto fóbico e enfrentar por completo seu medo.

Os resultados têm sido muito positivos quando se utiliza a realidade virtual associada a outras técnicas. Para exemplificar, separei três depoimentos de pessoas, que, por meio da organização ou da profissão que desempenham, são convidadas a auxiliar no processo de dessensibilização sistêmica com meus pacientes. Para todos os depoimentos, levantei a mesma questão: como é ajudar no tratamento de fobias usando seu trabalho e conhecimento?

Depoimento 1

Profissional da aviação

Resposta: "Sinto-me honrada em ajudar as pessoas compartilhando meu conhecimento. Percebo, durante as sessões de terapia, que boa parte do medo de voar provem do desconhecimento do paciente em relação aos processos que envolvem a aviação. Fatores como a formação de um piloto, a validade das habilitações, o treinamento das tripulações, segurança aeroportuária, manutenção e meteorologia são alguns exemplos que são abordados. Todas as dúvidas são respondidas, e com isso, o paciente torna-se mais confiante para prosseguir para o voo.

O objetivo é gerar autonomia e confiança no paciente, para que voar seja uma experiência agradável, e com isso, tornar meu trabalho como pilota mais completo."

Rossana Potier — Pilota comercial

Depoimento 2

Profissionais do Centro de Hematologia e Hemoterapia do Paraná — HEMEPAR, Unidade da Secretaria Estadual de Saúde

Resposta: "A equipe envolvida com a coleta de sangue explicita o quanto é importante acolher, dar atenção, agir com paciência, carinho, explicar a técnica e valorizar o doador, e o quanto isso colabora em salvar vidas. Atender aos pacientes da Nataly em processo de superação das fobias de agulha e sangue nos proporciona muita satisfação e motivação para continuarmos nossa missão."

Depoimento 3

Profissional da área de pet shop

Resposta: "Ao partilhar meus clientes caninos com os pacientes da Nataly, vejo que o resultado é extremamente positivo! Os cães sentem que o paciente fóbico necessita de mais tempo, espaço e compreensão por parte deles, e dessa forma, cria-se uma conexão. Quando menos se espera, ocorre uma interação mágica entre ambos. Trata-se de um trabalho prazeroso para todas as partes envolvidas!"

Bettina Goldenbaum — Médica veterinária

Biofeedback

Você já ouviu falar em biofeedback?

O biofeedback é multidisciplinar e, segundo Schwartz (2003), envolve o uso de aparelhos eletrônicos ou eletromecânicos para mensurar, de forma fiel, informações psicoeducacionais.

De forma simplificada, podemos descrevê-lo como uma técnica que "conta" ao terapeuta quais são as reações fisiológicas que seu corpo está enfrentando naquele momento. Como isso ocorre?

Na prática, são utilizados aparelhos eletrônicos capazes de medir as reações fisiológicas do organismo, como a frequência cardíaca, resposta galvânica da pele, temperatura periférica, atividade cerebral, tensão muscular e afins. Essas informações revelam o estado emocional de quem está no processo, mostrando ao terapeuta se ele deve fazer alguma intervenção, aplicar alguma técnica de respiração ou continuar o procedimento.

É justamente por isso que o biofeedback é uma técnica importante no tratamento da fobia. Se um paciente com fobia de cachorro está diante de um, seu corpo relatará suas emoções. É provável que uma dessas reações seja o suor nas pontas dos dedos — muitas vezes imperceptível ao olhar humano. Mas por meio de um aparelho de biofeedback por condutância elétrica da pele, o terapeuta saberá a intensidade desse suor, pois o aparelho dará informações sobre o grau de ansiedade do paciente.

O biofeedback proporciona uma medição relativa ao funcionamento do sistema nervoso autônomo simpático (luta e fuga). Quanto mais estímulos o sistema nervoso central tiver, mais suor as glândulas sudoríparas produzirão.

Como complemento, pode ser utilizada uma medição absoluta, perguntando ao paciente seu grau de ansiedade em determinadas exposições. A escala é medida de um a dez, sendo crescente, o que significa que em um grau três, o paciente está levemente ansioso, e no grau oito, seu organismo já está em estado de alerta.

Desta forma, fica muito mais fácil para o terapeuta começar a induzir o paciente ao relaxamento no momento certo, pois tem informações reais sobre seu organismo, não apenas suposições. Além disso, por meio dessa técnica não invasiva, o terapeuta consegue construir um histórico do progresso do paciente com bases sólidas. Não é à toa que um estudo conduzido por Deng *et al.* (2014) mostrou resultados mais eficientes quando os pacientes foram tratados com o uso do biofeedback.

Agora que você entende o significado e a importância do biofeedback, conseguirá entender bem melhor como funciona a realidade virtual na prática.

Exposição ao Vivo

Não há como falar de realidade virtual para tratamentos de fobias sem abordar a exposição ao vivo. Afinal, o virtual e o real precisam ser utilizados de forma conjunta no tratamento, assim como outros métodos.

A exposição ao vivo, como o nome sugere, envolve expor o paciente ao objeto temido, mas sempre, como vimos, de forma adequada a sua etapa. Se o paciente tem fobia de barata, não o colocaremos diante de uma em sua primeira sessão, mas usaremos a dessensibilização sistemática, que envolve um processo gradativo: mostrar um vídeo, usar a realidade virtual para que ele veja uma barata, usar insetos de brinquedo em uma sessão, e assim por diante.

Para costurar todos os conhecimentos que você adquiriu até agora, voltaremos aos casos sobre os que conversamos antes. Lembra-se deles? Nesse momento, eles ganharão forma. Essas mulheres não são simplesmente casos hipotéticos, como você talvez tenha pensado, mas pacientes reais (com nomes modificados) que enfrentaram suas fobias. E agora você descobrirá como.

Maria

Fobia: de animais

Neste ponto, vale lembrar que a fobia de animal envolve vários tipos de animais, não apenas cães. Ou seja, a fobia de animal abrange desde uma aranha até um cavalo. Neste contexto, Freud conduziu um estudo com um menino de apenas 5 anos que apresentava medo incontrolável de cavalos, acreditando que seria mordido por eles. O estudo, conhecido como *O Caso de Hans*,[2] mostra o quanto a fobia específica pode ser desenvolvida por um fator ambiental, que, no caso do menino, era a atenção dedicada a sua nova irmã e negada a ele. Desta forma, o garoto deslocou sua insatisfação e o sentimento de rejeição ao cavalo, que representava, de forma inconsciente, seu pai.

Algo interessante de ser analisado é a prevalência por gênero da manifestação dessa fobia. A pesquisa da área de Bacia Epidemiológica de Survey, de Bourdon ***et al.*** (1988), revelou que a fobia específica de animal atinge mais mulheres do que homens, com porcentagens de 7% e 2%, respectivamente.

Embora essa fobia específica abranja várias opções de animais, no caso da Maria, seu medo era de cães. Desde a infância, esse medo estava presente, por isso, superá-lo é uma grande vitória. À medida que analisamos o passo a passo dessa paciente e de outros, note como tudo o que você viu na teoria ganha um novo sentido.

Com o uso da realidade virtual para essa demanda, o terapeuta tem a flexibilidade de configurar os entornos, ajustando a posição do cachorro (sentado ou em pé), a dis-

144   Fobia: Enfrentando com Coragem

tância do animal (perto ou longe do avatar), a raça, usar focinheira ou não, ter uma pessoa ao lado do cachorro e deixá-lo preso, na coleira ou solto, além de adicionar latido quando houver necessidade.

1. Já nas primeiras sessões, ela usa os óculos de realidade virtual para trabalhar a respiração diafragmática e o relaxamento muscular progressivo, e assiste a um vídeo de um cachorro mansinho. Sua ansiedade absoluta está em nível sete.

2. Na terceira sessão, ela assiste novamente ao vídeo e seu grau de ansiedade é três.

3. Antes, sua ansiedade com cachorros pequenos ficava no nível sete, agora está no nível três. Por isso, faz sua primeira exposição ao vivo. Caminhando pela rua, vê um cachorro pequeno.

4. É exposta tanto na realidade virtual quanto ao vivo, primeiramente a cachorros pequenos, e depois aos grandes.

5. Assiste a vídeos de cachorros latindo, já que sua sensibilidade em relação ao latido era grande.

6. Na décima sessão, já consegue ficar exposta a três cachorros no consultório.

7. Começa a caminhar com um cachorro na coleira, sendo exposta de forma gradativa a outros, aumentando a quantidade e o porte.

8. Agora, mais segura, Maria consegue se expor a cachorros.

O final dessa história real é uma conquista grandiosa, pois hoje ela faz trabalho voluntário em uma organização não governamental levando cachorros a asilos, escolas especiais, lares para crianças e escolas regulares com a finalidade de desenvolver a terapia assistida por animais.

"O processo terapêutico foi um grande desafio para mim. Iniciei o tratamento de fobia quando minha fobia de cachorros estava atrapalhando minha vida profissional.

Trabalho em um local onde há muitos cachorros por perto, e me sentia mal no caminho. Assim, tomei a decisão de procurar ajuda profissional, e foi a melhor coisa que fiz em minha vida. A fobia não poderia mais fazer parte de mim, e foi com esse pensamento que comecei a jornada terapêutica. Hoje, fazendo uma retrospectiva, vejo o quanto evoluí e consigo ter uma vida harmônica com os cães. Posso andar nas ruas com mais segurança e frequento lugares que permitem a entrada de cães e não fico ansiosa. Para reforçar o que aprendi na terapia, resolvi prestar trabalho voluntário para uma instituição que faz visitas terapêuticas para pessoas que estão em situação de confinamento.

A terapia para curar minha fobia também repercutiu em outra área da minha vida, pois quando lutamos para vencer nossos medos, aumentamos a coragem para lidar com as adversidades que porventura venham a surgir em nossa vida."

Clara

Fobia: de injeção/sangue

A fobia de injeção/sangue envolve também uma série de medos relacionados a ambientes de saúde, como hospitais, dentistas e afins, atingindo, de acordo com Ost *at al.* (1987), entre 3% e 4,5% da população, com maior incidência entre as mulheres

Essa fobia geralmente causa uma forte sensação de náusea, muitas vezes seguida de desmaio. Isso significa que o simples fato de a pessoa ver uma cena — presencial ou não — que envolva sangue, injeção ou similar pode levá-la ao desmaio, já que o DSM-IV (APA, 1995) aponta que 75% das pessoas com essa fobia têm histórico de desmaio.

Como a fobia de injeção está muito associada ao medo dos procedimentos hospitalares, ela pode gerar problemas a quem a desenvolve, pois o paciente acaba evitando situações que são importantes para sua saúde, como no caso de Clara.

O uso da realidade virtual nesse contexto envolve ambientes como hospital, dentista e laboratório de análise clínica. O paciente entra gradativamente em contato com procedimentos que envolvem agulha e sangue.

1. Clara ficou quatro anos sem fazer exame de sangue. Considerando isso, nas primeiras sessões, a realidade virtual foi usada com base em seu nível de fobia.

2. Na terceira sessão, Clara foi exposta a uma seringa e orientada sobre como manipulá-la.

3. Para dar continuidade à dessensibilização sistemática, outro paciente foi levado ao consultório para passar por um processo de perfuração superficial do dedo. No começo, o grau de ansiedade de Clara era de dez, mas no fim da sessão, diminuiu, até chegar em dois.

4. Ela fez o exercício de levantamento dos pontos fortes, sobre o qual falei na sessão *Motivação e Alegria de Viver.*

5. Técnicas de hipnose acompanharam o quadro de dessensibilização sistemática, até que, ao ver a extração de sangue, a ansiedade de Clara se dissipou.

Essa história também tem um final feliz, como a dos outros pacientes que resolveram enfrentar suas fobias, em vez de se esconderem atrás delas. Hoje, Clara sente orgulho em dizer que é doadora de sangue.

> *"Para mim, perceber que existia alguém que entendia a minha dor e estava disposta a me ajudar foi crucial e me fez seguir adiante. E devido a essa parceria, realizei o impossível: fiz minha primeira doação de sangue. Hoje, posso dizer que pertenço à primeira geração da minha família que conseguiu olhar e curar uma fobia. Hoje, entro em hospitais, tiro sangue e tomo vacinas. Posso ter qualidade de vida e fazer exames. Posso saber como realmente estou após todos esses anos em que não consegui. E tudo só foi possível por meio desse processo terapêutico."*

Talita

Fobia: de avião

Ter medo de avião é até comum. Tanto é, que se estima que 20% da população têm medo de voar, e desta porcentagem, 10% têm esse medo de forma muito intensa.[3] Por isso, a grande questão do medo de avião é o sofrimento que alguém com aerofobia enfrenta, ou até mesmo as situações que cria para evitar o voo.

Assim como as diferentes fobias que analisamos e ainda conheceremos, a dessensibilização sistemática é uma peça que serve como base para seu tratamento, como comprova o estudo de Cantón-Dutari (1974), no qual ele submeteu uma paciente com fobia de avião a estímulos auditivos que ajudavam a construir um ambiente de voo. Assim, dois meses após o fim do tratamento e da pesquisa, a paciente conseguiu voar sem ter reações fóbicas.[4]

Atualmente, a realidade virtual nesse contexto contempla cenários como trajeto até o aeroporto, check-in, saguão de embarque e o avião. É possível, ainda, configurar o clima, a posição do passageiro, o grau de turbulência e todos os procedimentos do voo, como decolagem, explicação de segurança e pouso.

Sabendo da importância da dessensibilização, analisaremos o caso da Talita e como seu tratamento da fobia de avião ocorreu.

1. Em suas primeiras sessões, trabalhamos o processo de psicoeducação com uma pilota comercial para esclarecimento de dúvidas a respeito da parte prática e operacional do voo.
2. Ao usar a realidade virtual em um voo comum, em um dia ensolarado, seu grau de ansiedade era baixo, por isso, foram incluídos, pouco a pouco, outros elementos, como chuva e turbulências.
3. Enquanto a dessensibilização sistemática era alcançada por meio da realidade virtual, foi usada a técnica de respiração diafragmática e o relaxamento muscular progressivo para controlar a ansiedade.
4. Talita também passou pela exposição ao vivo em uma aeronave real, fazendo com que ela acumulasse mais confiança.

Depois do tratamento, Talita conseguiu, finalmente, viajar de avião sem episódios de vômito ou crises. Agora ela passa o tempo de voo lendo ou se distraindo com algum jogo, o que prova que é possível vencer a aerofobia.

"Realizar o tratamento com a realidade virtual foi um marco em minha vida. A fobia me aprisionava, e com a terapia especializada, recuperei minha liberdade. Hoje, sou mais feliz e livre para conhecer o mundo e realizar meus sonhos."

Jéssica

Fobia: lugares fechados e agorafobia

A claustrofobia é disseminada no mundo do entretenimento. É comum ouvir de alguém que nunca entraria em um local tão apertado quanto o que a personagem entrou.

Isso ocorre porque a sensação de estar em um local fechado nos coloca em estado de alerta. Mas, como vimos no capítulo sobre o medo, esse estado muitas vezes não é necessário, como quando estamos em um elevador. A prevalência da claustrofobia se aproxima de 4%, e a maior incidência, novamente, é entre as mulheres.[5]

A claustrofobia muitas vezes vem associada a outras fobias, como a agorafobia, que envolve o medo irracional desencadeado por estar em um local de onde seria difícil fugir, como um cinema, um shopping center lotado ou situações que envolvam multidões. Note que na agorafobia, o medo se instala mesmo que o ambiente seja aberto, pois o desencadeamento da fobia se dá pela sensação de dificuldade em sair do local. Por isso, considera-se, a partir de estudos como o de Chambless e colaboradores (1982), que pessoas com agorafobia têm maior dificuldade em ser assertivas, além de serem mais ansiosas socialmente.

No caso de Jéssica, a ideia de ter de usar o elevador ou até mesmo embarcar em um voo — onde não teria como fugir — era amedrontadora. Mas ela decidiu enfrentar seu medo.

1. Nas primeiras sessões, Jéssica contou que viajava de carro apenas após tomar alguma medicação que a fizesse dormir, pois já havia tido uma experiência muito ruim em uma viagem com pouco espaço no carro.

2. Para que ela conseguisse dar início ao processo de enfrentamento do medo, foi aplicada a respiração diafragmática e o relaxamento muscular progressivo, em conjunto com a realidade virtual que simula um elevador.

3. Na quarta sessão, a realidade virtual continuou sendo usada, respeitando o nível de ansiedade da paciente.

4. Quando seu grau de ansiedade chegou ao nível quatro em um ambiente de elevador na realidade virtual, ela foi exposta ao vivo em seu próprio prédio, usando o elevador para subir dois andares. Isso lhe causou muita ansiedade, mas ela suportou.

5. Com o tempo, Jéssica conseguiu entrar sozinha, várias vezes, em elevadores, e, simultaneamente, o ambiente de voo começou a ser explorado nas sessões de realidade virtual, até a exposição ao vivo.

Hoje, Jéssica sente-se segura em lugares fechados.

"Comecei as sessões de terapia quando me dei conta do quanto estava deixando de aproveitar a vida, de quantas oportunidades eu estava perdendo por deixar o medo tomar conta de mim. Acordei decidida a procurar ajuda, e foi quando encontrei Nataly. Ao conhecer o método de trabalho com a realidade virtual, tive novamente esperança de que tudo daria certo. Na prática, é como Nataly sempre diz: para dar certo mesmo, é uma parceria, e cada lado precisa fazer a sua parte. Precisei de foco e força de vontade para enfrentar meus medos, mas cada sessão era uma nova conquista. Começamos aos poucos, usando os óculos de realidade virtual, até passarmos a combinar as sessões com atividades práticas. A primeira vez em que entrei em um elevador depois de anos, foi uma vitória, e isso me deu mais vontade de continuar. Não mentirei, algumas vezes tive a tentação de desistir. Enfrentar uma fobia assusta, mas o método usado facilitou, e muito, o processo. Hoje, um ano depois de iniciar o tratamento, não vejo mais o elevador e o avião como inimigos. Pelo contrário, temos nos dado muito bem! A sensação de ter superado uma fobia é indescritível, e hoje, tenho certeza de que eu sou muito maior do que qualquer medo."

Nessas histórias reais, ficou bem mais clara a importância do uso integrado das mais diversas técnicas terapêuticas para o tratamento de fobias, não é mesmo? As quatro pessoas envolvidas fizeram uso de técnicas que vão desde a clássica exposição ao vivo, até o uso da realidade virtual. Isso prova que as técnicas não são substitutivas, mas, sim, complementares.

Além disso, esses tratamentos mostraram que é possível o paciente atingir a cura da fobia. Então, se você enfrenta algum medo nesse grau, não duvide: com o tratamento adequado, você conseguirá sentir a mesma liberdade que a paciente Maria, que disse que sente "não ter mais fobia". É claro que cada pessoa terá o seu tempo, por isso, não desista!

Fobia e Depressão: Estão Conectadas?

Felipe tinha tudo para ser considerado um homem de sorte, mesmo assim, não concordava com isso, mesmo quando recebeu os inúmeros parabéns pela promoção que acabara de conquistar em sua empresa.

"Queria ter a sua vida!"

"Trabalhar em casa é moleza. Você se deu bem nessa empresa!"

> *"Promovido mais uma vez? Que orgulho pra nossa família, irmão!"*
>
> *"Com um emprego desse, eu nunca mais reclamaria da vida!"*

Ele respondia a cada comentário em seu novo post como se realmente estivesse feliz, agradecia, fazia piadas e usava os melhores emojis — às vezes até se arriscava nos GIFs, que são a nova tendência. Quem lia suas respostas imaginava que ele estava do outro lado da tela brindando com uma taça de champanhe ou simplesmente com o sorriso largo, que a foto postada na rede social revelava. Mas não.

Foram 54 fotos para apenas uma ficar boa o suficiente. Ele navegava na galeria vendo as várias tentativas de sorrisos para chegar ao mais próximo de algo real, mesmo que não fosse. No entanto, era mais fácil assim, afinal, ninguém veria as 53 fotos deletadas! Por outro lado, se ele aceitasse o convite do irmão para comemorar no bar, que ele havia inaugurado recentemente, aquele sorriso que durou em uma foto não conseguiria se manter por uma noite inteira.

> *"Grandes poderes trazem grandes responsabilidades, mano. Fui promovido e agora tenho o dobro de trabalho para fazer!"*

> *"Fala sério! Qualquer um entenderia que você merece comemorar..."*
>
> *"Outro dia..."*
>
> *"Esse dia nunca chega."*

Há mais de dois meses, Luciano está tentando sair com o irmão ou simplesmente fazê-lo aceitar o convite para um churrasco. As desculpas são sempre as mesmas, e sabendo que Felipe gosta muito do trabalho, Luciano insiste, mas não o obriga. Afinal, acredita no irmão. E se ele estiver realmente ocupado?

A máscara da felicidade na rede social de Felipe esconde o fato de que a última vez que ele saiu foi praticamente obrigado. Sem nada nos armários, precisou ir ao mercado. Os aplicativos de entrega são uma opção incrível que o ajuda muito, mas ele sabe que não pode viver só disso. Então foi até a esquina, comprou o que precisaria por um bom tempo e se isolou novamente em seu escritório.

Ele consegue cumprir seu trabalho de forma muito eficiente, porque é inteligente, e sem precisar lidar com pessoas, tudo flui melhor.

> *"Trabalhar em casa me deixa livre de ter de conviver com as mesmas pessoas dia após dia."*

Quando começou a trabalhar remotamente, tudo parecia muito bom! Ele tinha liberdade, mais tempo e podia organizar melhor suas tarefas pessoais. Mas com o tempo, Felipe se distanciou cada vez mais das pessoas e foi perdendo a alegria de viver. Hoje, ele sente que a vida é uma obrigação e não consegue sentir prazer no trabalho, muito menos vontade de estar com as pessoas de quem gosta.

Há dias em que ele sequer sai da cama — e vê isso como um benefício por trabalhar em casa! A grande questão é que no dia seguinte a esses dias mais difíceis, ele se estressa com o trabalho acumulado e precisa virar a noite para colocar tudo em dia.

Felipe não sabe.

A família de Felipe não percebeu.

Os amigos em suas redes sociais não imaginam, mas ele tem **fobia social**. E mais... **depressão**.

Talvez você tenha se colocado no lugar de Felipe em alguns momentos ao ler essa história, não é mesmo? Ou quem sabe no lugar de Luciano?

Essa história é fictícia, porém, transmite um quadro frequente: muitos pacientes que apresentam fobia social desenvolvem depressão. Para falarmos em números, um estudo feito por Versiani e Nardi (1994)[6] com amostras de 250 fóbicos sociais demonstrou que 29,6% apresentaram comorbidade com depressão maior, e 18,4%, com a distimia (ou depressão crônica), uma porcentagem muito elevada! Mesmo assim, tenho comprovado na prática o quanto ela é real.

Para entender por que isso acontece, você precisa entender um termo muito comum na área da saúde mental: **comorbidades**. Há várias formas de explicar esse termo, e me concentrarei na maneira mais simples: um transtorno mental muitas vezes vem acompanhado de outros. Ou seja, é muito frequente que um paciente desenvolva mais de um transtorno simultaneamente. E é exatamente por isso que cada caso tem suas próprias particularidades e precisa ser analisado com cuidado.

Pode ser que alguém com determinada fobia desenvolva outro transtorno associado que precisa ser tratado em conjunto, pois não adianta se concentrar em curar o medo se há outras doenças em questão.

É o caso da fobia social associada à depressão.

É fácil entender por que essa associação é frequente. Pense nos seguintes passos comuns de um fóbico social:

1. Começa a se sentir mal em locais com muitas pessoas.

2. Evita ir a eventos ou estar em situações que o exponham.

3. Recusa convites de amigos e familiares para socializar.

4. Começa a se isolar e a não querer mais companhia.

5. Se fecha, não aceita conselhos e prefere evitar ao máximo estar com outros.

6. Começa a ter pensamentos negativos, autocritica exagerada e se priva de prazeres.

7. Tem medo de ser julgado e avaliado.

8. Perde a alegria e motivação em viver.

Percebeu como, de forma gradativa, o isolamento proporcionado pela fobia social pode levar a uma depressão? Isolada, a pessoa começa a perder o propósito de vida, propósito esse que é fundamental para mantermos a alegria em viver, como enfatizei no quadro do capítulo sobre *motivação e alegria em viver*.

Por isso, quando falamos de fobia, precisamos conversar também sobre depressão. Para entendermos o quadro depressivo, citarei alguns sintomas. É claro que apenas um profissional qualificado da saúde poderá diagnosticar corretamente cada caso, mas à medida que ler os sintomas, tente perceber se você se identifica com eles. Se sim, é um sinal de que precisa de ajuda.

- Alterações de humor frequentes.
- Diminuição do interesse e da libido.
- Perda da sensação de prazer em atividades que antes o faziam feliz.
- Sente-se frequentemente irritado, mesmo com coisas pequenas.
- Desenvolvimento de uma autoimagem de culpa, não aceitação de si.
- Sensação de um grande vazio existencial.
- A vida parece não fazer mais o mesmo sentido.
- Sente-se rejeitado.

- Tem dificuldade de expressar seus sentimentos de forma física e por palavras.
- As atividades diárias parecem um fardo difícil de executar.
- O pessimismo é constante, nada parece dar certo.
- Pensamentos sobre a morte começam a passar pela mente e, em casos extremos, tornam-se frequentes e diários.
- Dificuldades para dormir ou insônia.

Esses são apenas alguns sintomas, que, isolados, assemelham-se ao sentimento comum que todos vivenciaremos: a **tristeza**. No entanto, estando esses sintomas todos juntos e de forma frequente, é necessário prestar atenção, pois é muito provável que exista um quadro de depressão em desenvolvimento.

A depressão está frequentemente associada à incapacitação funcional e ao significativo comprometimento do indivíduo nos aspectos sociais e ocupacionais, e é um transtorno psiquiátrico altamente prevalente na população em geral. Estima-se que de 15% a 30% dos adultos apresentam depressão clinicamente significativa em algum momento da vida, com cerca de 8% com transtorno depressivo maior (Arantes, 2007).[7]

Isso nos mostra a importância de falarmos sobre a depressão.

Felipe pode não ter notado que, dia a dia, sua saúde mental está sendo negligenciada. Afinal, quanto mais ele se afasta, menos chances de ter ajuda surgem. E é assim que os transtornos mentais se alimentam: na negligência, na não aceitação e na recusa por ajuda.

Ele perdeu a alegria de viver e de seu propósito, em vez de ter procurado ajuda lá no início do desenvolvimento de sua fobia social e ter evitado o desenvolvimento da depressão. Podemos comprovar isso com um estudo feito com 63 pacientes por D'el Rey e Freedner (2006), no qual 62 tiveram o primeiro episódio depressivo após o início da fobia social, e apenas 1 paciente teve seu primeiro episódio depressivo em conjunto com o início da fobia social.[8] Ou seja, o diagnóstico precoce e correto da fobia social pode evitar que a pessoa desenvolva depressão. Infelizmente, a maioria das pessoas é tão resistente em procurar ajuda, que só o faz quando já está em um quadro avançado.

Inteligente, como os fóbicos costumam ser, Felipe conseguiu esconder bem seus problemas, mas essa não é, nem de longe, a melhor saída. Na verdade, é o início de um caminho que se torna cada vez mais obscuro.

Por isso, se você se identificou com Felipe, não tenha medo de pedir ajuda. Você não precisa passar por isso sozinho! Sua vida pode e deve ter um sentido!

Gosto muito de um livro de Viktor E. Frankl que se chama *Em Busca de Sentido*. Nele, citando a logoterapia, Viktor postula que há três formas de encontrar sentido na vida:

1. Criando um trabalho ou praticando um ato.
2. Experimentando algo ou encontrando alguém.
3. Pela atitude que tomamos em relação ao sofrimento inevitável.

A *primeira* é bem simples: basta realizar algo. A *segunda* envolve um pouco mais de empenho, pois é necessário experimentar: seja a bondade ou o amor de alguém querido. Agora, a *terceira* é a mais complexa: envolve passar por uma dor e aprender com ela o verdadeiro sentido de viver.[9]

Independentemente da forma, é preciso entender duas coisas:

1. Com certeza você é capaz de encontrar um sentido na vida.
2. Você é ainda mais capaz de mantê-lo.

Sabendo disso, não acredite que está certo se sentir desmotivado e sem propósito. Isso não é normal, e você merece viver a vida com prazer e alegria. Não se contente em somente passar pela vida, pois você tem um presente e um futuro maravilhosos esperando para ser conquistados e vividos intensamente. Basta cuidar de si mesmo, dar-se a atenção de que precisa.

Há Outras Comorbidades?

A associação da depressão com a fobia social é recorrente, mas não é a única. Há muitas outras, como a comorbidade das fobias com o transtorno de déficit de atenção (TDA).

O TDA é caracterizado por um padrão persistente de desatenção, desorganização, frequentes esquecimentos e procrastinação. Sendo diagnosticado, muitas vezes durante a infância, esse transtorno marca a fase escolar de muitas crianças e pode gerar efeitos no longo prazo, como o próprio desenvolvimento da fobia social.

Para que você entenda, retornaremos ao caso da depressão que foi visto neste capítulo. Devido à fobia social, a pessoa tem a tendência a se isolar e, com esse isolamento, pode desenvolver a depressão.

Agora pensaremos de forma inversa.

Uma criança com TDA pode sofrer com repressões de adultos e até mesmo de outras crianças, que não compreendem sua dor, e ela acaba ouvindo muitas críticas sobre sua personalidade, considerada "difícil", o que gera uma autoimagem distorcida. Além disso, por serem distraídos, acabam passando por situações que causam vergonha. Essas repressões, punições, críticas e a vergonha podem contribuir para o isolamento social e o desenvolvimento de uma fobia social.

Sabendo disso, torna-se ainda mais importante que se avalie quais outros transtornos estão associados e em que momento surgiram, para que o paciente seja corretamente tratado, afinal, o objetivo ao descobrir uma fobia não é simplesmente tratá-la, mas, sim, cuidar como um todo de quem está em sofrimento.

.6.

RESSIGNIFIQUE SEUS MEDOS

O primeiro passo para ressignificar seus medos é encontrar a origem dos sintomas. É necessário entender, verdadeiramente, o que está por trás deles, como se você fosse capaz de trazer uma luz sob o medo, revelando o que está escondido.

Apenas olhando claramente você conseguirá, finalmente, enxergar a fonte de seus medos — que pode estar onde menos espera —, para, por fim, ressignificá-la, ou seja, trazer um novo significado, uma nova "tradução" para aquela situação que gerou em você um entrave.

A maioria dos medos nasce em crenças que nós mesmos criamos. Como assim?

Na infância, você não sabia, mas era muito rígido. A maioria das crianças é, embora isso seja a última coisa que imaginamos. Mas a verdade é que, olhando para as situações, a criança que não vê saída para um problema, e cria crenças que a obrigam a evitá-lo, alimentando o medo que no futuro a manterá prisioneira.

Para entender melhor, basta se lembrar da criança que você foi e das próprias leis rígidas que criou para si. Você evitava estar com outras crianças que lhe davam apelidos? Sentia a enorme necessidade em proteger seu irmão mais novo a qualquer custo? Embora soubesse que era apenas uma criança, sentia-se adulto?

Aquela criança com medo ainda mora em você. Aquela criança que não soube, na época, reagir a situações que hoje você olharia com frieza continua aí. Mas o modo como você foi criado, as experiências que teve, o que falaram para você, tudo isso parecia muito maior quando você era pequeno.

"Homem não presta." Você pode ter escutado essa frase quando criança. Foi por isso que, para confirmar esse comando, que talvez nem saiba de onde veio, você só se interessa por homens que provarão que sua teoria é real.

"Eu preciso tomar conta de tudo." Não, não precisa. E você deve saber disso. Mas ao repetir esse comando para si mesma, alimenta a necessidade de estar no controle e, sabotando-se, é incapaz de dizer não para reforçar sua teoria novamente.

"Eu não consigo." Você está errado, pois consegue, se tentar. Mas você não tentará. Sabe por quê? Ao conseguir, provaria para si mesma que aquele comando estava errado. E você tem "necessidade" intrínseca de reafirmar seus comandos.

Eu poderia ficar o livro inteiro dando exemplos de comandos comuns que você criou como mecanismos de defesa. Em algum momento, eles podem ter sido úteis, mas hoje só lhe causam dor de cabeça e frustração, e talvez até sejam a base para seus medos, que podem evoluir para fobias. É por isso que você precisa ressignificar.

Para ressignificar, podemos pensar nas leis do relacionamento de Bert Hellinger. Mas antes de conhecê-las, seria bom conhecer quem foi seu criador.

Bert Hellinger foi psicoterapeuta sistêmico, teólogo, filósofo e escritor. Mas suas contribuições, principalmente com a criação do conceito de constelações familiares, tiveram origem em suas experiências de vida. E uma delas foi realmente impactante.

Pense na seguinte cena: você é um soldado na Segunda Guerra Mundial que acaba sendo capturado e aprisionado. Uma de suas maiores experiências de vida acontece quando se esconde em um vagão de trem. Em cada parada, você precisa tomar a decisão de sair ou não do vagão sem poder olhar para dentro ou para fora, pois você nem sequer sabe para onde o trem vai. E se for para outro campo de prisioneiros?

Hellinger viveu isso. E foi nessa "espera" que ele percebeu a importância de se ouvir. Olhar para dentro de si mesmo e resgatar sua sensação de segurança e conectá-la a todas as provas ou evidências externas que lhe trouxessem firmeza: sons, a visão reduzida que tinha, as sensações e tudo que parecesse reforçar a voz interior que lhe disse o momento certo de sair do vagão.

Por isso, ressignificar é um ato de conexão, ou seja, encontrar as raízes internas e os fatores externos que fizeram aquele medo crescer. Agora, sim, podemos compreender melhor as três leis de Hellinger:

1. Lei da Hierarquia

Quem chega primeiro tem precedência em relação a quem vem depois no sistema.

A Lei da Hierarquia ou da ordem mostra que, na família, quem chegou primeiro precisa ser respeitado e cuidado, pois dele vieram os outros membros. Desta forma, ele demonstra a necessidade de honrarmos e termos gratidão pela vida que recebemos de nossos pais para que possamos evoluir.

2. Lei do Pertencimento

É preciso sentir-se parte do sistema.

A Lei do Pertencimento mostra uma necessidade básica: precisamos nos sentir parte da família, e chegaríamos ao extremo, caso fosse necessário, para continuar pertencendo. Todos os outros membros também têm direito de pertencer ao sistema para que haja harmonia nos relacionamentos.

3. Lei do Equilíbrio

É necessário saber dar e receber.

A Lei do Equilíbrio esclarece a necessidade de se manter uma relação recíproca. A troca precisa existir sempre. A única relação que permite o desequilíbrio é entre pais e filhos, na qual os filhos terão oportunidade de dar mais do que receberão quando forem pais.

Qual a relação das três leis de Hellinger com a ressignificação de medos?

Muitas vezes, o medo esconde um desrespeito a alguma dessas leis. Por exemplo, a pessoa que se sente muito insegura para socializar e evita situações em que precise falar em público, em seu local de trabalho ou até mesmo quando está entre seus "amigos", pode estar escondendo algum problema com a Lei do Pertencimento. De que forma?

Talvez, na infância ou em algum momento específico, a pessoa tenha sentido que não fazia parte de seu sistema familiar, e talvez nem se recorde disso. Pode ser por uma leitura errada (acreditar que seus pais davam mais atenção ao irmão mais novo, por isso o amavam mais), pode ser por uma distorção (sentir-se diferente de seus parentes e concluir que não está no lugar certo), ou até por alguma frase que tenha ouvido e interpretado de tal forma que possa ter gerado a sensação de não pertencimento.

O resultado? Um adulto inseguro que não se sente parte de outros sistemas, sejam eles profissionais ou pessoais, com tendência muito maior para desenvolver alguma fobia social.

É claro que isso é apenas um exemplo. No entanto, mostra a importância de conhecer essas leis, para averiguar se elas são a fonte para seus medos. Pense:

1

Eu sinto que sou mãe da minha mãe?

Sinto a necessidade de cuidar dos meus pais como se fossem meus filhos?

2

Eu sinto que faço parte da minha família?

Reconheço que estou no lugar certo quando estou com meus familiares?

> **3**
>
> *Eu sinto que recebo o mesmo que dou?*
> *Em minhas relações, consigo ter a sensação de*
> *igualdade?*

Perguntas simples, mas capazes de revelar muitas coisas que estão dentro de você. Não tenha medo de encontrar as respostas. Conforme tudo for ficando mais claro para você, mais fácil será ressignificar seus medos. Por isso, ao procurar as origens dos medos, é preciso relaxar e se entregar ao processo. Sem julgamentos e, principalmente, sem pensamentos negativos.

Os pensamentos negativos distorcem sua realidade. Além disso, eles se multiplicam de forma assustadora se você não recuperar o controle. Para ilustrar, pense comigo:

> *O dia está lindo e um sol maravilhoso e agradável clareia a grama a sua frente. Ao seu lado, seu amigo conta uma ou outra piada sem graça, e você insiste em rir, só para que ele não fique sem graça. É domingo, e vocês escolheram muito bem onde colocar a toalha para aquele piquenique. Mas de todas as coisas saborosas que trouxeram, a melhor está ali, bem diante de você: um bolo de chocolate bem atrativo e cheio de granulado. Só de olhar, sua boca enche de água.*

> *Claro que, por estar em um gramado, uma formiguinha também tem o mesmo desejo compulsivo que você. Você nem percebe, mas logo ela está chegando perto do bolo. Quando você a nota, a espanta jogando-a para longe dali. "Ninguém comerá meu bolo." Mas, de uma hora para outra, você vê o que parece ser um formigueiro inteiro aproximando-se. Aquela pequena formiga chamou reforços — e que reforços! Você conseguiu deter uma, mas aquela centena de formigas vindo em direção ao bolo parece demais para você.*

Assim são seus pensamentos negativos. Isolados, parecem fracos, parecem somente uma formiguinha comum tentando invadir sua mente, sem sucesso. Mas quando se multiplicam, conseguem dominar tudo — inclusive você.

Assim, chegamos à ressignificação. Ou seja, é necessário conhecer seus pensamentos negativos para dominá-los. No capítulo sobre *Enfrentamento por Meio da Técnica da Coragem*, tivemos um tópico no qual expliquei como gerenciar os pensamentos negativos. Recorda-se? A técnica resumia-se em:

1. Parar.

2. Trazer os pensamentos para o racional.

3. Transportar sua mente para um lugar seguro.

Agora, mais do que entender e dominar seus pensamentos negativos, preciso que você os substitua. Isso é ressignificar, e Milton Erickson nos ajudará nessa parte.

Erickson é o pai das técnicas de hipnose, que trazem princípios muito importantes para substituirmos nossos medos. Aprendendo com ele, conseguimos notar que a melhor forma de convencer nosso inconsciente de algo é pelo uso de metáforas. Por quê?

Desde a infância, ficamos encantados com histórias. Isso porque imagens nos prendem muito mais do que palavras. E o que são as metáforas além de imagens que criamos na mente de quem está nos ouvindo?

Quando alguém diz que alguém tem coração de pedra, imaginamos intuitivamente algo sólido, duro e impossível de entrar. Essa imagem surte muito mais efeito do que dizer que a pessoa tem dificuldade em amar ou gostar de outras pessoas.

A mesma coisa acontece quando usamos uma metáfora para ressignificar algum comando que criamos para nós mesmos. Surtirá muito mais efeito do que uma simples junção de palavras racionais.

Por exemplo, alguém pode ter escutado na infância muitas coisas negativas sobre sua aparência, e isso pode ter gerado o comando "ela não é bonita". Isso afeta diretamente sua autoestima, que, por sua vez, afeta sua autoconfiança, a qual desestrutura a pessoa em vários aspectos, inclusive contribuindo no desenvolvimento de transtornos, sobretudo de ansiedade. Como ressignificar as crenças dessa pessoa por meio de metáforas?

Pense na história do patinho feio, que você já conhece bem.

Nessa história, percebemos que o problema não estava no patinho, e, sim, na incompreensão dos outros sobre quem ele era e quem poderia se tornar. Zombavam dele por ser diferente, e era exatamente isso que o fazia ser especial: ser um lindo cisne.

Essa história tem uma moral que vai além de passar uma lição para crianças. Ela pode mostrar que todos aqueles comandos negativos que a pessoa aceitou em sua vida não precisavam estar ali, pois eram somente interpretações malfeitas de pessoas que não a conheciam de verdade.

Agora pense em alguém que se sente muito inseguro. Esse alguém talvez seja você.

Pessoas inseguras tendem a ser dependentes. Assim, elas têm a leve sensação de "segurança" quando estão ao lado daqueles de quem se tornam dependentes. Isso é prejudicial, pois pode trazer desequilíbrio. Como assim? Na Lei do Equilíbrio, é necessário dar e receber na mesma proporção. Mas quando a pessoa se torna muito dependente, ela acaba se doando muito mais do que o outro.

Como você pode lidar com o medo da insegurança?

Imagine que um pássaro acaba de pousar em um galho de árvore. A árvore é forte e muito corpulenta, mas o vento bate contra ela, balançando seus galhos algumas vezes. O pássaro no galho sente seu corpo balançar também.

Será que em algum momento o pássaro deve ter medo?

Ele precisa se preocupar com a possibilidade de o galho se partir com toda aquela ventania e ele se espatifar no chão? Ele deveria procurar outro galho, talvez mais forte e rígido, onde tivesse certeza de que estaria seguro?

Não. O pássaro não se importa, porque sabe que seu poder está em suas asas, não no galho. Então, se esse ou qualquer outro galho se partir, ele simplesmente voará. Só isso.

O pássaro é seguro de si porque conhece seu poder. Ele conhece suas asas. Sabe que pode e consegue voar.

O mesmo acontecerá com você, se reconhecer seu poder.

> *Você pode voar.*
> *Seu poder está em você.*
> *Você não depende de outros.*
> *A segurança que busca está dentro de você.*

Consegue compreender agora por que a ressignificação ganha outra proporção quando conseguimos visualizá-la, ou seja, envolver nosso subconsciente em uma história que realmente nos marque?

Caso seja realmente inseguro, ao notar que está desenvolvendo dependência por algo ou alguém, você poderá recordar nosso pássaro. Ele o fará se lembrar da importância de perceber que está no comando.

Agora que compreende o quanto a visualização é poderosa, você conseguirá assimilar o conceito de Mulher de Luz e Guerreiro de Luz, citado por Giacobbe (2011). De acordo com ele, a personalidade adulta é encontrada com o poder da visualização desses "personagens". Quando imaginamos uma mulher grandiosa, não em sentido literal, mas por suas qualidades, ou um homem forte e corajoso, conseguimos encontrar nosso "eu" adulto. E assim se dá o processo de transformação: de menina em mulher; de menino em homem. Use a visualização para alcançar objetivos maiores, afinal, adultos são capazes de enfrentar os medos dos quais as crianças se escondem.

Entre as muitas técnicas de visualização, costumo usar bastante a técnica da cadeira vazia. Nela, o paciente imagina uma pessoa sentada em uma cadeira vazia e dá espaço para um diálogo com ela. Neste ponto, o paciente escolhe um objeto (pode ser uma almofada ou algo similar) para representar a pessoa escolhida — ou mais de um objeto, representando várias pessoas —, e durante a construção da cena, a qual já pode ter acontecido ou não, ele levanta as questões mal resolvidas. Também usamos essa técnica quando um membro da família aparece com frequência nos discursos do paciente, interferindo em suas dinâmicas, mas que, por alguma razão, não está presente na sessão. Quando usamos essa técnica, fica bem mais fácil entender a raiz de nossos medos, tornando possível dar um novo sentido às situações as quais foram um desafio para nós ou que representam uma ameaça.

Por isso, a ressignificação de medos é muito mais do que dar um novo nome para o que você enfrenta. Remete a resgatar sua verdadeira origem, para realmente trabalhar para dar um novo sentido a ela.

.7.

ESPIRITUALIDADE

O tema *espiritualidade* precisava estar neste livro.

Alguns pensam em deixar esse assunto de lado por receio da polêmica que pode gerar. Mas tudo se trata de um ponto de vista simples, porém pouco observado: a espiritualidade não tem a ideia de discutir aquilo em que você acredita, nem de convencê-lo a acreditar em outra coisa — pelo menos não neste livro.

Quando falo que a espiritualidade é importante, não quero convencê-lo a acreditar em nada diferente daquilo em que já crê. Acredite em qualquer divindade ou não, não é esse ponto que está sendo colocado em pauta, mas, sim, uma verdade incontestável até mesmo pela ciência:

Independentemente de em que você acredita, é importante saber que o que você acredita tem valor.

Observando o poder da espiritualidade, algumas faculdades de medicina a incluíram como disciplina em sua grade curricular, por terem atestado que a cura tem forte ligação com ela.[1] Ampliando essa premissa, a Organização Mundial de Saúde e a instituição Joint Commission on Accreditation of Healthcare Organizations sugerem incluir a espiritualidade no âmbito clínico e na educação em saúde.[2]

Isso só prova que a fé é uma forte aliada no processo de superação, principalmente quando o assunto é o enfrentamento de medos. Por quê?

Se você acredita que existe alguma força superior e que essa força é capaz de ajudá-lo, poderá recorrer a ela quando seu medo parecer maior do que você. Isso é o que chamamos de fé. Embora você não a veja, é capaz de sentir o poder que essa crença pode lhe trazer .

A fé é um recurso que nos traz muitos benefícios, mesmo que seja singular em cada indivíduo. Mas uma coisa é certa: se você tem fé, já tem uma grande fonte de força e revigoramento. Isso porque ela está conectada à confiança, à esperança e ao amor, e é óbvio que cultivar esses sentimentos só pode fazer bem a você!

Quem tem fé **confia** em algo ou alguém. E conseguir confiar no outro o torna capaz de aprender a confiar em si mesmo. Além disso, ela o deixa com uma sensação de segurança, ponto fundamental para não desencadear o processo de fuga e luta que tanto mencionei neste livro.

A fé também alimenta a **esperança**, pois a crença de esperar e acreditar em algo está muito relacionada a saber esperar. Quando aprendemos a esperar, a ansiedade é reduzida, e compreendemos que cada coisa deve ser feita a seu tempo. Quanto menos ansiedade, menos medo.

Além disso, quando colocamos amor, não colocamos culpa. E sem culpa, é mais fácil nos sentirmos seguros.

Assim, esse sentimento é um processo de cura. Nós nos curamos com nosso amor e curamos o outro ao amar.

É preciso aceitar que nem tudo na vida tem uma explicação lógica e clara no momento em que acontece, e a espiritualidade nos ajuda a ver isso. Talvez a explicação que você procura não esteja disponível naquele tempo. Não por ser inexistente, mas simplesmente porque você não poderia compreendê-la. É o mesmo que ensinar uma criança de 5 anos a dirigir. O fato de ela não aprender não a torna incapaz de, no futuro, ser uma boa motorista.

O mesmo vale para nossos medos, nossas fobias.

Pode ser que no momento você não seja capaz de entender por que ela o aflige tanto. Pode ser que passe anos sem compreender, mesmo lendo tudo o que estiver disponível a respeito. Mas se você tiver fé, conseguirá superar a fobia sem nem mesmo entendê-la. É uma questão de acreditar e aceitar.

Acreditar que você é capaz.

Mas também aceitar que nem sempre será como pensou.

Além disso, a espiritualidade sempre carrega consigo uma palavra muito forte: gratidão. Essa palavra é mais forte do que você imagina.

Quando você aprende a agradecer, a paz aprende a viver com você.

Isso porque ser grato é um processo de dentro para fora. Primeiramente, você se convence do quanto é bom e valioso o que tem, e depois manifesta isso de alguma forma, nem que seja falando um "obrigado". E você sabe que tudo que começa de dentro termina mais forte.

Por isso, exercite sua gratidão. Seja grato pelo que tem, pelas lembranças, pelos dons, pelas pessoas que estão com você e pelas que já estiveram. Seja grato pela vida. Quanto mais grato você for, mais terá motivos para agradecer.

Como Cuidar de Alguém que Tem Fobia?

Em todo este livro, conversei com você sobre como desenvolver coragem para enfrentar seus medos. Mas e se você estiver lendo este livro para ajudar alguém? Chegamos ao capítulo que você estava esperando.

Viver com alguém que sofre com alguma fobia não é um desafio simples, afinal, você quer que a pessoa vença o medo, mas precisa entender que cada pessoa tem seu próprio tempo e que precisa de ajuda profissional.

Por isso, antes de qualquer coisa, preciso que entenda que tudo o que leu até agora poderá ajudar muito quem você ama, então, por que não indicar a leitura para ele? Seria uma grande prova de que está ao seu lado, querendo que ele vença seus medos. A melhor ferramenta que temos para assumir o controle de nossa vida é o conhecimento! Quanto mais, melhor!

Na seção "Criando Filhos sem Fobia", você aprende técnicas voltadas à educação de seus filhos que podem ajudá-los a ser corajosos. Agora, além de aplicar as técnicas e ferramentas às quais teve acesso até o momento, enumerei uma série de dicas simples e práticas que podem contribuir para o tratamento de seu filho, seu marido, sua esposa, seu irmão, seu amigo ou qualquer outra pessoa que você ame e queira que se livre das fobias.

Ao ler, imagine como você pode colocar essa dica em prática. Pense na pessoa, nas situações pelas quais já passaram e nas oportunidades que pode criar para ajudá-la a ser mais corajosa. E lembre-se, as dicas são igualmente importantes, mas em cada caso uma pode ser mais útil do que outra. Por isso, não se limite, teste e aplique todas — se for possível.

1. Não reforce o medo, mude o foco!

Um erro muito comum quando alguém quer ajudar é justamente esse: o reforço do medo. Algumas pessoas fazem isso sem perceber, por isso essa dica é fundamental. Algumas características e ações que reforçam o medo:

- Afastar a pessoa do objeto, ser ou situação temida.
- Falar que aquele medo é real, que faz sentido e que a pessoa está certa.
- Contar histórias que reforcem o medo (por exemplo, notícias sobre queda de avião, mordidas de cachorro ou qualquer fato negativo ligado ao medo).

Quando reforça o medo, você o alimenta na mente da outra pessoa, e como uma bola de neve que aumenta ao girar, o medo se tornará ainda maior com esse reforço. Por isso, o ideal a fazer é mudar o foco.

Como você pode fazer isso?

- Convide a pessoa para fazer uma atividade que lhe dê prazer, para que ela mude o foco.

- *Se estiver em meio a uma crise:* fale para ela observar os comportamentos das pessoas ao redor e perceber como estão tranquilas. Estimule a pessoa a contar apenas em números múltiplos de dois (por exemplo) ou converse com ela em outra língua. Além disso, realize atividades que a obriguem a se concentrar em outra coisa além do medo.

Quando muda o foco, em vez de reforçar o medo, você ajuda a pessoa a passar pelos momentos de crise e desenvolver, gradativamente, a coragem!

2. Estimule pensamentos positivos de superação.

Pensamentos positivos são sempre bem-vindos, ainda mais quando falamos sobre superação de fobias. Por isso, ajude a pessoa que você ama a pensar não no medo, mas nos resultados que ela terá quando enfrentá-lo.

Para ilustrar, contarei como usar os pensamentos positivos mudou a vida de um de meus pacientes. Ele tinha fobia de gatos e, com isso, evitava ao máximo falar sobre esse animal. Só que, sua chefe, na empresa em que trabalhava, era apaixonada por gatos e tinha três! Então, ele me contou em uma consulta que, por não gostar e evitar falar sobre gatos, ela parecia não gostar dele. Para estimular os pensamentos positivos de superação, eu disse algo semelhante a: *"Imagine que bacana será quando superar esse medo e conseguir falar com sua supervisora sobre gatos! Vocês terão em comum um assunto de que ela gosta, e a relação entre vocês poderá ser melhor."* Pensando assim, ele conseguiu ver um ponto positivo que o motivou a enfrentar seu medo. Tempos depois, ele me contou o quanto a relação com a chefe havia melhorado depois que ele superou esse medo e passou a conseguir conversar sobre gatos!

É um exemplo simples, mas que mostra o poder que o reforço dos resultados pode ter. Por isso, sempre fale sobre assuntos que estimularão a pessoa a pensar no resultado, e não no medo.

Como você pode fazer isso?

- Analise com a pessoa o que melhorará em sua vida.
- Fale sobre os resultados de forma natural. Por exemplo, se a pessoa tem medo de avião e fará uma viagem, reforce o quanto será bom conhecer aquele lugar novo ou reencontrar aquelas pessoas.

Ao estimular pensamentos positivos, você ajuda a pessoa a se concentrar nos ganhos que terá, não no desafio de enfrentar o medo. Assim, ela conseguirá reunir motivos para superá-lo.

3. Movimente-se: atividades físicas são suas aliadas!

As atividades físicas são uma ótima fonte de sensação de prazer — claro, para quem gosta delas! Por isso, pense bem antes de convidar a pessoa para alguma atividade, é preciso escolher algo que ela realmente goste de fazer.

Por liberar endorfina, as atividades físicas podem proporcionar bem-estar e aliviar a sensação de tensão que a pessoa pode estar vivenciando.

Como você pode fazer isso?

- Convide-a para praticar alguma atividade semanas antes de um momento que pode lhe causar ansiedade. Por exemplo, marque um jogo de tênis algumas semanas antes de um exame de sangue.
- Crie o hábito de se exercitar com a pessoa. Se ela gosta de atividades e você também, é uma oportunidade de estabelecerem um bom hábito.

Fazer atividades físicas contribui de diversas maneiras para sua saúde física e mental e a da pessoa que você ama, por isso, estabelecer alvos nesse sentido pode ajudar a ambos!

4. Acolher é diferente de reforçar.

Como já vimos, reforçar o medo não é uma boa opção. Mas existe algo que pode e precisa ser feito, e não pode ser confundido com reforço: o acolhimento.

Fazer a pessoa se sentir amada e acolhida tem um poder enorme, principalmente se consideramos que os perfis fóbicos incluem carência e necessidade de aprovação. Por isso, esforce-se para acolher a pessoa, esteja ela vivendo ou não uma crise naquele momento.

Como você pode fazer isso?

- Abrace a pessoa e mostre seus sentimentos por meio de gestos e ações.
- Fale o quanto ela é importante e que você está ali para ajudá-la.
- Dedique um tempo a ela, porque isso mostrará que a considera importante.

Lembre-se sempre de que acolher é fazer com que a pessoa se sinta segura. Por isso, esforce-se para mostrar que seu objetivo é ajudá-la e dar o apoio de que ela precisa.

5. Incentive o compartilhamento de sentimentos.

É normal que pessoas com fobias tenham dificuldades em se expressar, como já vimos. Para elas, falar de seus sentimentos pode mostrar fraqueza, e isso pode afastar os outros, por isso, elas evitam compartilhá-los a todo custo. Sabendo disso, você terá de fazer um esforço maior do que o normal para que ela consiga se expressar.

Como você pode fazer isso?

- Fale de forma clara sobre o que você sente e mostre-se disposto a ouvir qual a opinião dela sobre aquilo.

- Procure usar frases que a deixem à vontade, como "estou aqui para ouvi-la", "gosto de saber o que pensa", "o que você sente é importante para mim", "seus sentimentos significam muito para mim".

- Nunca conte para os outros o que ela lhe falar. Isso quebrará a confiança que ela tem em você.

Se a pessoa se sentir à vontade para falar com você sobre o que sente, terá com quem compartilhar os sentimentos e emoções que pesam para ela. Assim, será mais fácil enfrentar seus medos.

6. Estimule as emoções.

Quem tem fobia costuma pensar de forma muito racional, deixando de lado o que sente. Por isso, tente mostrar que sentimentos não são fraquezas, mas, sim, uma oportunidade de nos permitirmos viver novas sensações.

Como você pode fazer isso?

- Fale sobre como gosta de sentir determinadas emoções e sentimentos.

- Demostre alegria quando ela disser algo sobre emoções e sentimentos.

Espiritualidade 189

- Abrace, beije, seja carinhoso e mostre o quanto isso desperta emoções.

Quanto mais a pessoa entender que os sentimentos e as emoções fazem bem, mais ela se permitirá senti-los e, por consequência, conseguirá administrá-los.

7. Use as técnicas de respiração que você aprendeu.

Lembra-se do acróstico da coragem? O item R — Respirar e relaxar pode ser especialmente útil para situações de crises das quais que você estiver perto.

A respiração é uma grande aliada quando o assunto é recuperar o controle da situação, por isso, use e abuse dessas técnicas.

Como você pode fazer isso?

- Releia e aprenda as técnicas do item R — Respirar e relaxar.
- Pesquise novas técnicas de respiração para aplicar em situações de crise.
- Ao ajudar a pessoa, procure demonstrar os exercícios, respirando com ela, para estimulá-la a praticar a técnica.

Ajudando a pessoa a respirar de uma forma que lhe cause alívio, certamente ela se lembrará daquele momento ao passar por algo parecido — mesmo que você não esteja com ela. Assim, ao usar essa dica, você a estará ajudando em um momento de crise e também em episódios futuros.

8. Incentive a pessoa a procurar ajuda.

Embora todas as dicas sejam importantes, se fosse necessário destacar apenas uma, seria esta. Afinal, enfrentar uma fobia não é tarefa para uma pessoa só.

É necessário que a pessoa entenda que receber a ajuda de profissionais da saúde mental não é uma vergonha, mas, sim, um indicativo de coragem. Coragem para seguir em frente e descobrir ferramentas para enfrentar o medo.

Por isso, mesmo que você esteja ajudando essa pessoa, é fundamental que haja acompanhamento de um profissional adequado, pois o sofrimento mental merece a mesma atenção que o sofrimento físico. Embora ele seja mais silencioso, pode gerar estragos tão grandes ou maiores que uma ferida física.

Como você pode fazer isso?

- Fale e reforce a importância da saúde mental. É necessário que a pessoa entenda que um tratamento mental só a ajudará.
- Se ofereça para acompanhá-la nas primeiras consultas, mesmo que seja simplesmente para levá-la até o consultório e buscá-la.

Se fizer isso, as chances de a pessoa procurar ajuda são muito maiores. Assim, esforce-se para que ela aceite e faça corretamente seu tratamento.

Existe um ditado que diz: "Muito ajuda quem não atrapalha."

Esse ditado é especialmente válido para quem convive com alguém com fobia, pois em algumas situações, talvez o estresse ou a incompreensão possam levar a pessoa a falar algo que poderá ferir ainda mais quem já está em sofrimento. Pensando nisso, separei algumas frases recorrentes que meus pacientes costumam escutar, para que você saiba o que NÃO dizer para quem tem fobia:

- Você não enfrenta nada!
- Essa sua reação é falsa, é para chamar atenção.
- Como pode ser tão fraco?
- Pare de fazer firulas!
- Não aguento mais essa atitude medrosa.
- É difícil conviver com você assim.
- Nós deixamos de viver experiências por causa do seu medo!

Essas frases são apenas alguns modelos, claro. Existem milhares de variações e outras falas igualmente capazes de fazer mal para quem está sofrendo com uma fobia. Por isso, mesmo quando estiver frustrado ou estressado, pense antes de falar. Suas palavras podem ser da boca para fora, mas o fóbico poderá entendê-las do coração para dentro.

Seguindo essas dicas, tenha certeza de que a pessoa que você ama terá um tratamento com apoio, e este será mais eficaz. Afinal, sempre que temos pessoas que ficam felizes com nossa evolução, a tendência é que superemos nossos medos mais rapidamente. Por isso, parabéns! Você está trabalhando em uma causa que merece reconhecimento!

.8.

HARMONIZANDO-SE CONSIGO E COM O TODO

O propósito de todo este livro é que você se sinta em harmonia e em paz consigo mesmo. Viver com intenso medo não lhe proporciona a qualidade de vida que merece. É por isso que reforcei o tempo todo a necessidade de desenvolver a coragem. Não porque ela é capaz de extinguir o medo que existe em você, mas, sim, de colocar esse medo em seu devido lugar, em momentos de apreensão ou em situações em que realmente exista algum risco.

Fobia: Enfrentando com Coragem serviu para lhe mostrar que é possível, sim, se livrar das fobias, mas que o principal passo começa em você. Afinal, é você quem decidirá procurar ou não ajuda. É você quem escolherá realmente se entregar ao processo desenvolvido pelo profissional adequado. E no final, é você quem colherá os frutos de todo esse empenho!

Você percebeu que o medo existe para sua proteção e que, fisiologicamente, é ele que nos mantém vivos de várias formas. Na reação de fuga e luta, ele alimenta nosso corpo para termos força diante de uma situação de perigo, por isso é necessário desenvolver mais força ainda para combatê-lo em situações em que ele surge desnecessariamente.

Tenha você fobia de avião, cachorro, injeção, de dirigir ou qualquer outra, perceba que existem muitas outras pessoas como você. Logo, você não está sozinho e pode muito bem aprender como essas pessoas enfrentaram suas fobias. Lembra-se dos casos reais que contei de Maria, Clara, Talita e Jéssica? Tenho muito orgulho de ter feito parte do processo de transformação delas em uma versão mais segura e com capacidade de enfrentar seus medos. E quando você olhar para trás e estiver em uma situação similar à delas também sentirá isso.

Mesmo que existam fatores que podem comprovadamente nos influenciar para o desenvolvimento ou não de fobias, somos nós os responsáveis por nossa vida e por buscar a eliminação dessas fobias. Não temos controle sobre os traumas que vivenciamos, sobre nossa genética, nossa gestação ou até mesmo sobre a forma como fomos criados. É por isso que não adianta culpar esses detalhes e permanecer com os braços cruzados. Você precisa agir, pois, independentemente da ação do meio, o mais importante sempre será sua reação a ele.

Para que sua reação seja a melhor possível, se empenhe em confiar em si mesmo. A autoconfiança lhe dará forças para alcançar a independência emocional de que tanto precisa! E se isso parecer difícil, experimente algumas das técnicas que deixei neste livro. Use-o como um manual para viver melhor. Sempre que tiver dúvidas sobre como relaxar, consulte-o e faça algum exercício de respiração para olhar a situação de uma nova perspectiva, aceitando a existência dos sintomas físicos da fobia, em vez de tentar lutar contra eles. Assim, com a mente relaxada e por meio da aceitação, conseguirá colocar em prática sua hierarquia de enfrentamento, afastando os pensamentos negativos que surgem de forma automática ao passar por alguma crise de ansiedade.

Falei muito sobre a importância de substituir os pensamentos negativos, e não foi por acaso. Sem espaço para pensamentos negativos, você conseguirá recuperar a motivação e a alegria de viver. Todos nós precisamos ser felizes, e o melhor caminho para isso é entrar em um estado de paz com você mesmo. Já percebeu que quando fazemos algo que nos incomoda, seja uma atitude, ação ou até mesmo um pensamento, ficamos inquietos e impacientes com nós mesmos? O reflexo disso acaba afetando quem nos cerca. É por isso que o estado de paz precisa partir de dentro para fora, e sentindo-se assim, a alegria torna-se uma consequência.

Essa consequência precisa ser nosso objetivo. Quem consegue encontrar a paz quando vive recorrentemente com medos intensos? É por isso que precisamos conhecer e aceitar as ferramentas valiosas que a própria tecnologia nos deu para enfrentarmos com coragem as fobias.

Você viu que, por meio da realidade virtual e da realidade aumentada, somos capazes de "criar resistência" aos nossos medos ao enfrentá-los de forma gradativa, como em um jogo de videogame. Cada nova fase significa uma nova vitória, que, integrada a outras ferramentas, pode ser ainda mais rápida.

Unindo o virtual com experiências de integração real, técnicas de respiração, biofeedback e muitas outras ferramentas, você conseguirá reunir as forças que já tem para alimentar sua coragem e ressignificar seus medos.

Por meio da ressignificação, o que parecia ser gigante e amedrontador pode se tornar pequeno e compreensivo. Lembra-se da metáfora do pássaro? São suas asas que o farão voar, por isso é preciso confiar nelas, e não no galho onde você está.

Sim, aprendemos muitas coisas com este livro, sobretudo que, independentemente daquilo em que você acredita, suas crenças são responsáveis por grande parte das experiências que viverá. Quais são elas?

Se o impulsionam, reforce-as.

Se o limitam, elimine-as.

A paz é um caminho sem volta. Ao entrar nesse estado consigo mesmo, dificilmente você aceitará situações que o tirem dessa harmonia. Por isso, busque-o.

Eu sei que não parece fácil, mas não parece porque realmente não é. E eu não digo isso da boca para fora ou simplesmente porque tento entendê-lo. Eu também passei por situações desafiadoras em minha vida, mas hoje consigo olhá-las com muito respeito, pois foram elas que me fizeram chegar aqui.

Todos nós vivemos batalhas, e não há como se colocar inteiramente no lugar do outro para saber como lutar da forma que ele luta. Por isso, não tente se comparar com o outro para criar desculpas ainda maiores que o deixem confortável o bastante para não ser corajoso. *É na guerra que descobrimos se somos realmente bons soldados.*

Não espere a "poeira baixar", a situação ficar mais fácil ou suas crises serem mais ou menos intensas. Aja agora, não deixe para depois, pois o depois é incerto.

Busque a ajuda de que precisa para ser orientado a encontrar as respostas que tanto procura. Vejo muitas pessoas que deixam a ajuda como última opção, e quando chegam lá, percebem o tempo que perderam por não terem aceitado enfrentar seus problemas antes.

Ir a um psicólogo não é sinônimo de fraqueza, mas, sim, de força. É a primeira prova que você dá para si mesmo de que está disposto a enfrentar com coragem seus medos e traumas. Existe ato mais corajoso do que se preparar para a batalha?

Evitar seus medos nunca o tornará resistente a eles, muito pelo contrário. Por isso, toda vez que você se recusa a ser ajudado, perde uma chance de ter forças contra seus medos, tornando-se cada vez mais seu refém.

"Prefiro deixar de viajar de avião", "É mais fácil evitar ir a hospitais", "É melhor nem tentar dirigir." Toda vez que repete algo semelhante para você mesmo, quem está no controle? Você ou sua fobia?

E quando nosso medo está no comando, ele cria mecanismos para continuar. Um deles é usar pensamentos distorcidos para afastá-lo da decisão de procurar ajuda. Analise se você tem feito isso consigo mesmo. Se sim, não hesite: é hora de mudar.

Decida, de uma vez por todas, ser dono de seu próprio destino. Segure as rédeas de sua vida e acredite. Você pode e enfrentará suas fobias com *coragem*!

Referências

Capítulo 1

1. Organização Mundial de Saúde — OMS. Depression and other common mental disorders: global health estimates [Internet]. Geneva: WHO; 2017 [cited 2017 nov. 04]. Disponível em:< http://apps.who.int/iris/bitstream/10665/254610/1/WHO-MSD-MER-2017.2-eng.pdf>.

2. American Psychiatric Association (APA). DSM-5. *Manual de diagnóstico e estatística dos transtornos mentais*. Porto Alegre: Artmed, 2014.

3. Kessler, R. C. et al. The effects of co-morbidity on the onset and persistence of generalized anxiety disorder in the ICPE surveys. International Consortium in Psychiatric Epidemiology. *Psychol. Med.*, Oct; 32(7):1213-25, 2002.

4. Torres, A. R.; Lima, M. C. P. Epidemiologia do transtorno obsessivo-compulsivo: uma revisão. *Revista Brasileira de Psiquiatria*. Associação Brasileira de Psiquiatria — ABP, v. 27, n. 3, p. 237-242, 2005. Disponível em: <http://hdl.handle.net/11449/30886>.

5. Breslau, N.; Kessler, R. C. . The stressor criterion in DSM-IV posttraumatic stress disorder: An empirical investigation. *Biological Psychiatry*, 2001, 50(9), p. 699-704.

6. Ruggiero, K. J.; McLeer, S. V.; Dixon, J. F. Sexual abuse characteristics associated with survivor psychopathology. *Child Abuse & Neglect*, 2000, 24(7), p. 951-64.

7. Kessler, R. C. et al. The epidemiology of panic attacks, panic disorder, and agoraphobia in the National Comorbidity Survey Replication. *Arch. Gen. Psychiatry*, 2006, 63(4), p. 415-24.

8. Idem. The epidemiology of panic attacks, panic disorder, and agoraphobia in the National Comorbidity Survey Replication. *Arch. Gen. Psychiatry*, 2006, 63(4), p. 415-24.

9. Rosenberg, R. et al. Validation criteria for panic disorder as a nosological entity. *Acta Psychiatr Scand Suppl.*, 1991, 365, p. 7-17.

10. Robins, L. N. et al. Lifetime prevalence of specifi c psychiatric disorders in three sites. *Archives of General Psychiatry*, 1984, 41, p. 949-58.

11. Andrade, L. et al. Prevalence of ICD-10 mental disorders in a catchment area in the city of São Paulo, Brazil. *Soc. Psychiatr. Epidemiol.*, 2002, 37, p. 316-25.

12. American Psychiatric Association (APA). DSM-5. *Manual de diagnóstico e estatística dos transtornos mentais*. Porto Alegre: Artmed, 2014.

13. Fredrikson, M. et al. Gender and age differences in the prevalence of specific fears and phobias. *Behav. Research Therapy*, 1996, 34, p. 33-9.

14. Nouri, B. *VR Expousure Therapy for Phobias*. IMfgE at Wichita State University, Wichita, 2004.

Capítulo 3

1. Kessler, R. C. et al. Prevalência ao longo da vida e aos 12 meses dos transtornos psiquiátricos do DSM-III-R nos Estados Unidos: Resultados do National Comorbidity Survey. *Arquivos da Psiquiatria Geral*, 1994, 51, p. 8-19.

2. Nunes Filho, E. P.; Bueno, J. R; Nardi, A. E. *Psiquiatria e saúde mental*: Conceitos clínicos e terapêuticos fundamentais. São Paulo: Atheneu, 2005.

3. Curtis, G. C. et al. Specific fears and phobias: Epidemiology and classification. *British Journal of Psychiatry*, 1998, 173, p. 212-7.

4. Wiederhold, B. K.; Bouchard, S. *Advances in Virtual Reality and Anxiety Disorders*. Nova York: [s. n.], 2014, p. 91.

5. Ost, L. G. et al. Exposure in vivo versus applied relaxation in the treatment of blood phobia. *Behav. Res. Ther.*, 1984, v.22, p. 205-16.

6. Agras, S.; Sylvester, D.; Oliveau, D. The epidemiology of common fears and phobias. *Comprehensive Psychiatry*, 1969, 2, p. 151-6.

7. Ekeberg, O.; Seeberg, I.; Ellertsen, B. B. A cognitive behavior treatment program for flight phobia, with 6 months and 2 years follows-up. *Nordisk Psykiatrisk Tidsskrift*, 1990, 44, p. 365-74.

8. Idem. A cognitive behavior treatment program for flight phobia, with 6 months and 2 years follows-up. *Nordisk Psykiatrisk Tidsskrift*, 1990, 44, p. 365-74.

9. Kirkpatrick, D. R. Age, gender, and patterns of common intense fears among adults. *Behav. Research. and Therapy*, 1984, 22, p.141-50.

10. Chapman, T. F. The epidemiology of fears and phobia. In: Davey, G. *Phobia*: a handbook of theory, research and treatment. London: Wiley, 1997.

11. Rachman, S.; Taylor, S. Analyses of claustrophobia. *J. of Anxiety Disorders*, 1993, 7 (14), p. 51-4.

12. Hetem, L. A. B.; Graeff, F. G. *Transtornos de ansiedade*. 2ª edição. São Paulo: Atheneu, 2012, p. 127.

204 Fobia: Enfrentando com Coragem

13. Ramos, R. T. Fobias específicas: classificação baseada na fisiopatologia. *Rev. Psiquiatr. Clín.*, São Paulo, 2007, v. 34 n. 4.

14. Amen, D. *Transforme seu cérebro, transforme sua vida*. São Paulo: Mercuryo, 2000.

15. Lorenzini, R.; Sassaroli, S. *Quando o medo vira doença*: Como reconhecer e curar fobias. São Paulo: Paulinas, 1999.

16. Rachman, S. J. The conditioning theory of fear acquisition: A critical examination. *Behavior Therapy*, 1977, (15), p. 375-87; Ost, L. G.; Hugdahl, K. Acquisition of phobia and anxiety response patterns in clinical patients. *Behavior Research and Therapy*, 1981, 19, p. 439-47.

17. Kay, J.; Tasman, A. *Psiquiatria*: Ciência comportamental e fundamentos clínicos. Trad. de Eliseanne Nopper. São Paulo: Manole, 2002, p. 323.

18. Thomas R.; Weintraub, P. *Bebês do amanhã*: Arte e ciência de ser pais. Caxias do Sul: Millenium, 2004.

19. Lewin, B. D. Claustrophobia. *Psychoan.*, 1935, Quart.,4. p. 227-33.

20. Bittencourt, M. I. G. F. Espaço real, espaço simbólico e os medos infantis. *Lat. Am. J. Fundam. Psychopathol.* Online. 2007, v. 4, n. 2, p.229-37.

21. Gutman, L. *O que acontece na nossa infância e o que fizemos com isso*. Trad. de Mariana Córullon. Rio de Janeiro: Record, 2017.

22. Baptista, A. Perturbações do medo e da ansiedade: Uma perspectiva evolutiva e desenvolvimental. In. Soares, I. (Ed.). *Psicopatologia do desenvolvimento*: Trajectórias (in) adaptativas ao longo da vida. Lisboa: Quarteto, 2002, p. 91-141.

23. Papalia, D. E.; Olds, S. W.; Feldman, R. D. *O mundo da criança*. Lisboa: McGraw Hills, 2001.

Capítulo 4

1. Poletti, R.; Dobbs, B. *A resiliência*: A arte de dar a volta por cima. Rio de Janeiro: Vozes, 2007.

2. Kotler, P. *Administração de marketing*. 10ª Edição, 7ª reimpressão. Trad. de Bazán Tecnologia e Lingüística. Revisão técnica de Arão Sapiro. São Paulo: Prentice Hall, 2000, p.110

Referências 205

3. Giacobbe, G. C. *O medo é uma masturbação mental*. Rio de Janeiro: Bertand Brasil, 2011.

4. Freud, S. (1980). Extratos dos documentos dirigidos a Fliess. In: *Edição Standard Brasileira das Obras Psicológicas Completas de S. Freud*. Trad. de Jayme Salomão. Rio de Janeiro: Imago, 1980, p. 243-380. Vo. 1. (Texto original publicado em 1950 [1892-1899]).

5. Idem. (1980). História de uma neurose infantil. In: *Edição Standard Brasileira das Obras Psicológicas Completas de S. Freud*. Trad. de Jayme Salomão. Rio de Janeiro: Imago, 1980, p. 19-151. V. 17. (Texto original publicado em 1918 [1914]).

6. Miller, J. A. *Percurso de Lacan, uma introdução*. Rio de Janeiro: Jorge Zahar, 1987.

7. Peveler, R. C.; Johnston, D. W. Subjective and cognitive effects of relaxion. *Behav. Res. Ther.*, 1986.

8. Bauer, S. *Manual de hipnoterapia ericksoniana*. Rio de janeiro: Wak, 2013.

9. Wolpe, J. *Prática da terapia comportamental*. São Paulo: Brasiliense, 1976. Publicado originalmente em 1973.

Capítulo 5

1. Chance, P. *Learning and Behavior*: Active Learning Edition. Cengage Learning, 2008.

2. Vargas, G. C. et al. Freud e Hitchcock: comparação de quadros de fobia. *Lat. Am. J. Fundam. Psychopathol*. Online. 2008, v. 5, n. 1, p. 56-68.

3. Angras, S.; Sylvester, D.; Oliveau, D. The epidemiology of common fears and phobias. *Compr. Psychiatry*, 1969, 10, p. 151-6

4. Cantón-Dutari, A. El uso de la desensibilización sistemática en el tratamiento de la fobia a los viajes en avión. *Revista Latinoamericana de Psicologia*, 1974, 6, p. 151-6.

5. Fredrickson, M. et al. Gender and age differences in the prevalence of specific fears and phobias. *Behaviour Research and Therapy*, 1996, 26, p. 241.

6. Versiani, M.; Nardi, A. E. Social phobia and depression. *Depression and Anxiety*, 1994, 5(2), p. 28-32.

7. Arantes, D. V. Depressão na atenção primária à saúde. *Revista Brasileira de Medicina de Família e Comunidade*, 2007, 2(8), p. 261-70.

8. D'el Rey, G. J. F.; Freedner, J. J. Depressão em pacientes com fobia social. *Psicologia Argumento*, 2006, 24(46), p. 71-6.

9. Frankl, V. *Em busca de sentido*. São Paulo: Vozes, 2009.

Capítulo 7

1. Righetti, S.; Felippe, C. Pode a fé curar? Campinas: SBPC, 2005. Disponível em: <http://www.comciencia.br/reportagens/2005/05/06_impr.shtml>. Acesso em: 19 ago. 2019.

2. Freeman, J.; Dobbie, A. A spirituality and medicine elective for senior medical students: 4 years' experience, evaluation, and expansion to the family medicine residency. *Fam. Med.*, 2007, 39(5), p. 313-5.

Índice

A

abuso de substâncias, 14
acumulação e isolamento, 15
adrenalina, 34, 38
agorafobia, 19–21, 47, 150
alegria de viver, 90
amígdalas cerebrais, 33–34
análise da infância, 94
Análise SWOT, 88
anatomia do medo, 36
angústia, 96–98
    mental, 16
ansiedade generalizada, 13
aracnofobia, 121
Aristóteles, filósofo, 39
ataques de ansiedade, 5
aumento da ativação
    fisiológica, 51
autoestima, 87, 90

B

bagunça, 34
baixa autoestima, 59
biofeedback, 140–142, 197

C

claustrofobia, 48, 55
comorbidades, 157
comportamento de esquiva, 47
contaminação, 14
córtex pré-frontal, 35, 39, 112

D

Daniel Amen, psiquiatra, 59
depressão, 156–158, 159
dessensibilização sistemática,
    142, 147, 149
Dia dos Mortos, 124

dificuldade de controlar, 18
distimia, 156
dúvidas, 14

E

eletrocardiograma, 4
endorfina, 186
estado
    de alerta, 33
    de ansiedade, 99
    de relaxamento, 99
    neurofisiológico primitivo,
      31
estereoscópio, 131
excesso de autocobrança, 94

F

fator
    ambiental, 63
    intrauterino, 62–63
    traumático, 61
fobia
    de animal, 48, 117, 143
    de avião, 48, 52–53
    de sangue, 48, 50–51
    social, 47, 156, 162
fobias específicas, 21–23, 47,
    123
frequência da ansiedade, 10

G

gânglios basais, 59
glândulas suprarrenais, 34
Guerreiro de Luz, 175

H

headsight, 131
hipocampo, 34–35, 39
hipotálamo, 34–35

I

independência emocional, 90,
    92–96
insegurança constante, 59
instinto de autopreservação,
    78, 134
Instituto Brasileiro de Opinião
    Pública e Estatística, 53

L

Lei
    da Hierarquia, 167
    do Equilíbrio, 168
    do Pertencimento, 168
leis do relacionamento de Bert
    Hellinger, 166
logoterapia, 160

M

Manual de Diagnóstico e
    Estatística dos Transtornos
    Mentais (DSM-V), 28
mecanismo de fuga e luta, 42
medo
    associado a uma presença
      física, 37
    protetivo, 24
medos reforçados pela
    repetição, 66

memória de curto prazo, 78
memórias da infância, 94
Metáfora do Elefante, 84–85
Milton Erickson, pai das
  técnicas de hipnose, 172
Mulher de Luz, 175

N

National Institute of Mental
  Health, 28
necessidade
  de controle, 94
  de fugir, 20–21
neurose infantil, 95
nomofobia, 23
noradrenalina, 34
Norma Van Rooy,
  pesquisadora, 124

O

óculos VR, 136–137
Organização Mundial da Saúde
  (OMS), 10, 179

P

parar, racionalizar e substituir
  (técnica), 116
pensamento acelerado, 15
pensamentos
  automáticos, 42, 112
  distorcidos, 42–43
  negativos, 170–171, 196
perda de oportunidades, 13–14
preocupação com alinhamento,
  14

processamento das emoções,
  31
processo
  de aprendizagem do
    enfrentamento, 120
  de crescimento, 10
  de dessensibilização
    sistemática, 117–118
  de habituação, 118
psicoeducação, 149

R

reação
  do medo, 57
  fisiológica do medo, 41
realidade
  aumentada, 132, 197
  virtual, xiii, 131
recorrência da ansiedade, 10
reforçar o medo, 183–184
relaxamento muscular
  progressivo, 100
respiração diafragmática
  (abdominal), 100

S

sensação de morte, 19
sensorama, 131
sentimento de imperfeição,
  10–11
síncope (desmaio), 50
síndrome do pânico, 5, 123
sintomas da depressão,
  158–159

Sir Charles Weatstonei, físico, 131

sistema
    límbico, 31
    nervoso autônomo
        simpático, 141
    nervoso simpático, 34
    vestibular, 57
sono REM, 75, 77

T

tálamo, 33
técnica
    da cadeira vazia, 175
    da realidade virtual, 118
    de enfrentamento por
        meio da coragem, 77
    de relaxamento muscular
        progressivo, 102–103
    do elástico, 114
    do lugar seguro, 113
    do saquinho do avião, 114
    não invasiva, 141–142

terapia cognitiva
    comportamental, 40
traço de personalidade, 26
transtorno
    de ansiedade generalizada
        (TAG), 12–13
    de ansiedade social (TAS),
        24–28
    de déficit de atenção
        (TDA), 161
    de estresse pós-traumático
        (TEPT), 16–17
    de pânico (TP), 18–19
    obsessivo-compulsivo
        (TOC), 14–16, 122
transtornos de ansiedade, 10
tríade cognitiva, 40–42

V

Visually Coupled Airborne
    Systems Simulator, 131